기일혜 수필집 42

오래 살면 아름다워진다

기일혜 수필집

마흔두 번째 이야기

오래 살면 아름다워진다

크리스챤서적

머리말

코로나19로 거의 한 석 달 동안, 두문불출하고 있다.

선교 여행도 중단하고 사람을 만나지도 않고 단조로운 집안 생활의 연속이다. 그래서 이번 책(42집)은 소재가 거의 내 일상이다.

'일상이 예배'라는 말씀이 있듯이, 반복되는 일상을 불평불만하지 말고 잠잠하게 사는 삶이, '하나님의 통치에 참여하는 일'이라고 한다.

하루하루 내 일상적인 삶이 모여서 위대해지기도 하고 아름다워지기도 한다. 그리고 오래 살면 노쇠해지는 것만 아니다. "…우리의 겉사람은 낡아지나 우리의 속사람은 날로 새로워지도다"(고린도후서 4:16)는 성경 말씀처럼 '오래 살면 아름다워진다'.

2020년 5월 15일 기일혜

차례

2부_ 어느 날의 편편상(片片想)

4부_ 자기 쓰레기 자기 양복 주머니에 넣는 사람

1부

우한 교민에게 보낸 천만 원

당신 눈물로 세상이 따뜻해지네요

어제 오후 멀리 있는 독자 친구에게서 온 전화다.

"선생님 전화 받을 수 있으세요? …제가 퇴근해서 가는 길인데… 눈물이 쏟아져서, 선생님 생각이 나서…(우느라고 말을 못함). 차를 길가에다 세워 놓고 선생님한테 전화해요."

내가 그 눈물을 받는다. "그래요. 힘드시죠… 당신 눈물로 세상이 지금 따뜻해지네요…."

그 친구가 눈물이 쏟아져서 길가에 차 세워 놓고 흐느끼는 그 사연을 내가 알아내서 무엇하겠는가.

우리는 다 눈물 골짜기를 지나고 있는 인생들. 시편(84:6) 말씀에는, 그 눈물 골짜기에는 많은 샘이 있어, 이른 비같이 복을 채워 주신다고 한다.

'우는 친구여, 그대는 많은 눈물을 가진 복 받은 여인. 그 복을 우리에게 나눠 주는 여인. 당신 눈물 골짜기에 있는 많은 눈물 샘이 메마르고 슬픈 인생의 가슴을 적셔 주십니다. 위로하여 주십니다. 주님이 그 눈물 다 받으시고 닦아 주실 것입니다.'

우한 교민에게 보낸 천만 원

코로나19로 두문불출하고 계신다는 정죽 님과 전화 통화에서 들은 소식이다.

그는 한숨을 쉬더니, 어렵게 말씀을 꺼내신다.

"…그 아들이 이번에 우한 교민에게 천만 원 보냈대요… 우한 교민들 생각하면, 요새 얼마나 마음이 아픈지…."

말을 더 잇지 못하신다. 우한 교민들의 그 막막한 고통과 공포심. 남의 나라에서 생명을 위협당하는 무서운 전염병에 대한 두려움, 상상이 안 된다.

그 아드님의 이웃 사랑 실천에 고개가 숙여진다. 그는 아들이 들려준 말을 해 주면서, 슬픈 감격으로 목이 메는지, 한동안 말을 못하신다. 그를 목메게 하는, 아들의 말은 바로 이 말이다.

"어머니(86세)가 가르쳐 주신 대로 '바르게' 살겠습니다."

우한으로 성금 천만 원 보낸 54세 아들의 순종스런 말이다. 이 이상의 효도가 있겠는가.

여기에 꽃밭을 만들겠어요

꽃밭(꽃집)에 들르니 박 선생이 얘기한다.

"…나는 늘 꿈꾸었어요. 시골 작은 집에다 넓은 꽃밭 만드는 것. 이번에 바꿨어요. 멀리 갈 필요 없이, 지금 여기다 꽃밭 만들려고요. 내일 시장에 가서 꽃 많이 사 올 거예요… 누가 꽃을 사 가거나 말거나 여기다 꽃밭 만들면 되지요."

"그거참 좋은 생각이네요. 삶과 이상을 하나로… 예수님의 영성은 현실에 뿌리박은 영성이라고 해요. 예수님은 말씀과 삶이 일치한다는 말씀이지요."

어느 여름 친정에 가니, 어머니가 마당을 꽃밭 만들어서 봉숭아를 가득 심어 놓았다. 소녀 때 정서가 되살아났는지, 사람 다닐 길만 남기고 마당을 온통 봉숭아 꽃밭으로 만들었다(다음해에 가니, 그 봉숭아 꽃밭이 없어졌다). 그때, 어머니의 봉숭아 꽃밭은 삶에 뿌리박은 어머니의 꿈이었을까. 만져지는 꿈은 없다고 하지만 어머니는 그때, 잠깐이라도 자기의 꿈 한 조각이라도 만져 본 것 아닐까. …예수님의 영성은 관념 아니고 피가 뚝뚝 떨어지는 실제라는 말씀.

내 글 쓰는 도구가 된 상추

봄이다. 바야흐로 상추의 계절이다. 목련이 피고 박태기 꽃이 피지만 내겐 상추의 계절이다.

상추는 신이 내린 채소라고 하듯이, 나는 피곤할 때 상추를 먹으면 피로가 회복된다. 과학적인 증거도 있다고 한다. 봄 여름 가을 겨울, 어린 상추 이상의 반찬이 있을까.

어린 상추를 잘 씻어 물기 뺀 뒤, 삼삼한 양념장을 솔솔 뿌리면 싱싱한 상추 겉절이가 된다. 청계산 맑은 농장에서 자란 애기 상추 겉절이는 봄의 극상품 반찬. 오랜만에 온 아들 밥상에 놓아도, 남편 밥상에 놓아도 다들 좋아한다.

몇 년 전 화가 친구의 화집에 추천의 글을 써야 하는데, 원고 마감일 하루 전에 급하게 부탁받아, 청계산 채소 가게에서 상추 한 바구니 사다가 먹고 밤새워서 다 썼다. 상추는 내게 음식이라기보다 글 쓰는 일종의 도구와도 같다.

올봄에도 어김없이 풋풋한 상추를 내놓은 청계산 농장 여주인에게 내 책을 선물한다. 그의 작품이 상추이듯이 내 작품인 수필집을 그에게 헌정(獻呈)한다(그는 내 애독자).

인생 별거 아니라고요?

94세, 90세 부부가 키운 상추와 아욱, 푸른 양파를 내게 택배로 보내면서 찹쌀고추장, 참기름도 넣어 보냈다. 정성껏 키워서 보내신 것들 잘 받았다고 전화하니, 하 여사님이 낭랑하고 힘찬 목소리로 받는다.

"하지감자 캐 보니까 아직 짝아서(작아서) 있는 것 잔(좀) 보냈소. 부끄럽소. 짜잔해서(보잘것없어서). 선생님. 상추쌈 양념장은 풋마늘 머리째 쫑쫑 썰고 파 잔 넣고 고춧가루 고추장에, 참기름 깨소금 넣으면 맛나라우(맛있어요)."

그가 보낸 찹쌀고추장, 참기름은 누구 주고 내 양념장은 집에 있는 걸로 만들어 상추쌈 먹고.

언젠가 아들이 와서 된장국 맛보고, "엄마 된장국 식당해도 되겠네" 해서 놀라고 당황했다. 그날, 좋은 된장은 꼭 필요한 이에게 주고 허드레 된장으로 끓여서 미안했는데… 아아아 음식 맛은 좋은 재료가 내는 것만도 아니구나. 사람 마음가짐이 맛을 내기도 하고 주님이 내시기도 하는구나.

인생은 마음가짐 따라 별것도 되고 별거 아닌 것도 된다.

동생 둘이 찾아온 날

동생이 우리 집에 오면서 떡볶이, 순대, 튀김, 오뎅을 사 가지고 오겠다고 전화한다. 다른 동생은 '오오 좋지 좋아 감동!' 하고, 나도 무조건 좋다고 한다. 오랜만에 그런 애들 먹는 음식 먹어 보는 재미도 있으니까. 모범생 동생이 그런 떡볶이 등을 사 오는 파격도 재미있고, 그런 것들 사 온다고 하니 '오오 좋지 좋아 감동!' 하는 동생도 재미있다.

군것질 좋아하는 애들처럼 무조건 좋다고 환호하는 나도 우습고… 그날 남편은 세 자매의 오붓한 만남을 위해 외출하면서 이런 말 한다. "살아 있을 때 언니 한 번이라도 더 보려고 오는 동생들이니 잘해 주소." "아이구 처량하게 무슨 그런 말씀을… 짜장면, 탕수육 값이나 주고 가세요."

일본 여자 선교사님이 코로나로 몇 달 집에만 있었더니 갑자기 숨이 막혀 오더라고. 그는 집에서 성경 400구절도 암송했지만… 우리는 육(肉)을 가진 인생. 이 육신이 좋아하는 삶도 필요한 것 아닌가. 때로는 고소한 가게 음식도 사다 먹고 실컷 웃고 얘기하면서.

아내와 남천촉

우리 집 베란다 남천(남천촉)은 지금 낙락장송이다. 나보다 키가 훨씬 커서 내가 고개 들고 쳐다보아야 한다. 동네 꽃집에서 온 지가 한 7, 8년 되어 간다. 볼 때마다 기분이 좋다.

내가 꽃집으로 남천 사러 갔을 때, 남천은 꽃집 도로변에 버린 자식처럼 서 있었는데, 바깥바람에 시달린 듯 윤기도 없고 볼품도 없어 보였으나 지긋한 여주인은 그걸 추천하면서 "이게 잘 자랄 거요" 두말도 못 하게 한다.

흡족하지 않았지만 그 여주인이 나를 생각해서 권하는 것 같아 가만히 있었다. 길가에서 천덕꾸러기로 자라서 그럴까. 집 베란다에선 튼튼하게 잘 자란다. 남천은 올봄이 절정이다. 새순 수십 가지가 아우성치며 올라온다. 오늘 아침 그 약동하는 기세를 본 남편이 하는 말.

"우리 집에서 남천하고 당신하고만 팔팔하구만."

어딘가 애조 스민 목소리에 아내 기(氣)가 죽는다. 남편은 아내 팔팔하게 키워 주다, 본인은 힘이 다 빠진 건 아닌가 하고. 그럴 것이다.

국도 떠 놓고 가소(남편은 안 바뀐다)

의왕시 민백마을로 친지 만나러 가려고 분주하게 아침상 준비하는 아침이다. 밥해 놓고, 두부 굽고, 멸치조림, 파래 김치… 사과 방울토마토까지 다 챙기고, 거실에서 신문 보고 있는 남편에게 말한다.

"국은 안 떠 놔요. 식으니까, 당신이 덥혀서 자셔요."

"어어이 국도 떠 놓고 가소." 짜증이 좀 나려다가 만다.

지난번 나온 내 책(40집)에서 가장 독자 호응이 좋은 글이 「삼식(三食)이와 삼복(三福)이」, 그렇게 써 놓은 작가가 남편에게 화를 내면 안 되지, 부드럽게 남편을 설득한다.

"고기(닭)가 있는 국, 식으면 못 먹어요. 그러니까 힘들어도 데워서 자셔요." "알았어어." 대답하는 남편 목소리도 부드럽다. 투정하는 아이 달래듯 해 놓고 외출하니 아내 마음도 편하다. 의젓한 남편도 의식주 생활에선 돌봐야 할 아이.

누가 바뀌겠는가. 아내가 바뀌어야지. 주방 일 달인인 아내가 주방 일 서툰 남편 도와야지. 아내는 남편의 어머니, 눈에 보이는 하나님이니까.

장타(長打)가 뭐길래

중국 소주의 아침, 질녀 효정의 집 거실. 아름다운 진지 호수를 바라보다가 책장에서 책 한 권을 뽑아 든다. 골프 에세이 『장타가 뭐길래』라는 제목의 책이다. 내겐 분야가 새롭고 인상적인 대목이 있어서 여기에 옮긴다.

"'장타의 유혹에 이기면 명인(名人)이 된다'라고 해서, 장타 편향을 지양하고 있지만 그럼에도 불구하고 모든 골퍼들은 멋진 '더 멀리'를 위해 불철주야 기를 쓰고 있는 것이다…."

"…어느 날 러프로 날아간 볼이 살며시 웃고 있는 야생화(野生花) 옆에 떨어져 있었을 때, 아름답게 피어 있는 들꽃을 아이언 샷으로 쳐낼 용기가 없었다. 그 꽃보다 그 샷이 더 중요하다고 생각되지 않아 언플레이어블(unplayable, 경기 불가능)을 선언해야 했다(해리 브래드, 프로)고 할 정도로 애틋한 자연 사랑과 시인적 낭만을 골프 애호가들은 갖고 있다."

꽃 한 송이의 미소를 자신의 경기보다 더 소중하게 여긴 그 프로 골퍼는 참 멋이 있다!

어느 목사님의 주례사

어느 목사님의 결혼 주례사 중의 일부다. 주례는 결혼 서약하는 신랑에게 묻는다.

"…어머니와 아내가 물에 떠내려갈 때, 한 사람만 건져야 한다면 누구를 먼저 구하겠소?"

신부에게도 묻는다. "남편과 자녀가 물에 떠내려갈 때, 한 사람만 건져야 한다면 누구를 먼저 구하겠소?"

그 자리에는 양가 부모, 어머니가 앉아 있기에 대답하라고는 안 한다. 효도와 모성애를 중시하고 자란 사람들에게 이 대답은 어머니 먼저, 자녀 먼저, 라고 할 수 있다. 그러나 정답은 아니다. 남편은 어머니보다 먼저 아내를 건져야 하고, 아내는 자녀보다 먼저 남편을 건져야 한다고.

처음에 이 말씀을 듣고 이건 천륜에 어긋나고 비윤리적이지 않나, 의아했다. 그런데 얼마 전 남편을 보낸 어느 친지가 한 말씀이 생각난다.

세상에서 가장 아름다운 말은 어머니도 아니고 '여보'라고 한다. 그 친구의 개인 생각이라고 할 수도 있다. 그러나 여운이 남는 말이다. 유교적인 예법에서도 부모 자녀는 1촌인데 부부는 무촌이다.

아담과 하와는 범죄하기 이전의 최초의 남녀. 그 남녀에게서만 사랑의 순수성을 볼 수 있다고 한다. 어머니의 사랑보다 남녀의 사랑이 더 순수하다고? 어머니 사랑은 본능성이 강하고, 남녀의 '순수 사랑'은 이타적 사랑의 극치, 원형이라고 말하는 사람도 있다. 우리는 하나님, 예수님의 신부(新婦)라고도 한다.

"이는 너를 지으신 이가 네 남편이시라 그의 이름은 만군의 여호와이시며 네 구속자는 이스라엘의 거룩한 이시라 그는 온 땅의 하나님이라 일컬음을 받으실 것이라"(이사야 54:5).

깨어진 시계

남편이 선물 받아서 내게 준 손목시계. 20여 년을 손목에 차고 다니는데, 디자인이 아름답다는 말을 몇 번 들었다.

얼마 전 그 시계를 시멘트 길바닥에 떨어뜨려서 유리(?) 덮개 한쪽에 금이 갔다. 남편에게 시계 깨뜨렸다고 말하고 고쳐야 하는데, 얼마 동안 말을 못하고 있다. …그러면서 생명나무 실과를 따 먹고 숨은 아담과 하와를 생각한다. 나도 시계 깨뜨린 걸 남편에게 죄지었다고 생각해서 말 못 하고 있는가. 며칠 지나서야 남편에게 말한다. "시계 깨뜨렸어요." "그럼 고쳐야지. 어디 봐."

남편은 아무렇지도 않고 평온하다. 내가 시계 깨뜨렸다고 남편에게 얼른 말 못 한 건 내 숨은 죄성(罪性)이 지레 겁을 먹은 것인가. 이것이 원죄(原罪)라는 것인가.

나는, 자책만 하게 해서 괴롭히는, 원죄에서도 자유해야 한다. 예수님은 내 모든 죄를 다 용서하셨다.

나는 그 사랑을 믿는다.

더 추운 겨울이 오기 전에

꽃집 박 선생은 내 책을 누구에게 전할 때마다 "읽으시고 꼭 독후감 줘요." 한다. 어떤 강요가 아니라, 책을 꼭 읽어 보라는 선한 당부이다.

박 선생이 어느 대학교 조교님에게도 독후감을 부탁했더니, 논문 쓰듯 진지하게 써 가지고 왔다.

그날, 그 조교님이 A4 용지 두 장 분량의 독후감을 가지고 왔을 때, 나는 박 선생 꽃가게 옆방에 있었다. 나는 방에 앉아서 독후감 가지고 온 조교님이 박 선생과 이야기하는 목소리를 들을 수 있었다(내용은 잘 알아들을 수 없었지만).

그의 목소리에서는 약간의 수줍음과 겸허함, 어떤 책임감, 정신적 지조 같은 게 느껴지기도 하고…. 맑고 순정스런 그 목소리를 한참이나 듣고 있었다. 그때 나는, 그의 독후감을 음성으로 미리 듣고 있었다. 목소리는 그 사람 영혼. 그의 독후감은 내 예감대로 훌륭했다. 독후감 제목은 '더 추운 겨울이 오기 전에'. 제목부터 나를 사로잡았으나, 분량이 많아서 옮기지는 못한다. 참으로 아쉬운 일이다.

신기한 감나무 과수원

영암 서 선생님은 수십 년 짓던 감 농사를 이제 그만두려고 한다. 나이(74세)도 있고 해서. 그만둘까 하는데, 서 선생님 과수원 감을 먹어 본 사람들이 말한다.

"금방 딴 감 맛이어요. 어떻게 키워서 그래요?"

그러면 서 선생님은 이렇게 대답하신다.

"남들같이 똑같은 거름 주고 남들같이 똑같이 키웠지요."

똑같은 거름 주고 똑같은 방법으로 키워도 맛을 내는 분은 하나님이다. 정말 서 선생님 감 맛은 다르다. 보통 감 먹으면 배가 아픈 내 친구도 서 선생님 감 먹으면 안 아프단다. 언젠가 시숙님은 내가 드린 서 선생님 과수원 감 맛보시고 "…이렇게 맛 좋은 감은 처음이요" 하신다. 참으로 서 선생님 과수원 감은 신기하다.

모든 농사는 다 하나님이 도우시지만, 서 선생님 과수원 감은 특별 관리하시는가. 나도 신기하게 생각하면서 서 선생님 감나무 과수원을 주목하고 있다(서 선생님은 올해도 감 농사지음).

소가 없으면 구유는 깨끗하다

거실 커튼을 빨지 못하고 있다. 몇 년 전까지만 해도 다람쥐 나무에 오르듯 의자 놓고 올라가서 높은 데 커튼 떼고, 당일로 빨아서 걸곤 했는데, 요 근래에는 엄두가 안 난다.

4~5년 전, 상도동 질부(姪婦) 집에 가서 본 진보라색 커튼이 분위기 있어서, 집으로 오자마자, 북향 방으로 보낸 거실의 자주보라 커튼을 떼다가 다시 거실에 걸었다. 걸어 놓고 보니 어두워서, 떼다가 다시 북향 방 것과 바꾸고… 떼고 걸고 떼고 걸고를 한여름 더위 속에서 몇 번이나 반복했더니, 속이 타서 물을 넉 잔이나 마시고. 그런 정열도 어디 갔나, 세탁 때를 넘긴 커튼을 그대로 두고 있다. 동생 말로는 세탁소에 맡기면 10만 원. 오늘은 집안 정리하다가 거실의 커튼 떼서 빨고 걸고… 옛날 열정이 솟구쳤나.

오래전에 어느 여성 화가 집에 간 일이 있다. 커튼, 6개월에 한 번 빤다고 했다. 그렇게 깨끗하게 하고 살면 화가의 영혼 어디에 사상(思想)이 고일까, 한 적이 있다.

"소가 없으면 구유는 깨끗하려니와 소의 힘으로 얻는 것이 많으니라"(잠언 14:4).

좀 지저분하게 살면 어때. 내가 어디에 몰두하면 더러운 것도 안 보이고 무감각해진다. 오래전에 아들 집에 우리 부부가 손자 봐주러 가는데 출근하는 아들과 정면으로 마주쳤다. 아들은 우리 부부를 못 알아보고 가고 있다. 우리도 모른 체하고 지나가 주고.

예수님은 구유에서 태어나셨다. 가장 낮고 지저분한 마소의 여물통. 예수님은 마소의 밥그릇인 지저분하고 냄새나는 여물통에서 태어나시고 가장 사악한 형벌인 십자가 죽음을 당하셨다. 이 탄생과 죽음 속에 온 인류의 비천과 고통이 다 들어 있다고 한다. 어떤 인간도 예수님보다 더 비천하게 태어나지 않고 어떤 사람도 예수님보다 더 참혹하게 죽지 않는다고.

온 인류를, 한 사람도 안 빼고 다 품어 안아서 구원하시려는 하나님 사랑을 몸으로, 실제 삶으로 보여 주셨다. 몸으로 다 이루고 가셨다. 그래서 예수님은 십자가에서 죽으시면서 '다 이루었다'고 하셨다. 요한복음에 있는 말씀이다.

"예수께서 신포도주를 받으신 후에 이르시되 다 이루었다 하시고 머리를 숙이니 영혼이 떠나가시니라"(요한복음 19:30).

맘에 안 든 표지 때문에

4월 16일 밤 내 수필집(41)이 나왔다. 젊은 사장님이 싣고 오셨다. 책 표지에 대한 상처가 있는 나는 사장님께 묻는다. "책 표지가 어때요?" "깔끔하던데요."

나는 두근거리면서 책 묶음 끈을 자른다. 현관 불빛에 얼핏 봐도 표지는 어둡다. 불안이 적중했다. 간이 녹는 맘으로 남편에게 보인다. 남편은 늦은 저녁을 들다가 표지를 보자마자, "아 가슴 답답해!"

내 간장이 타들어 간다. 저녁도 안 들고, 표지를 이리저리 보고 밝은 불빛에 아무리 비춰 봐도 어둡다. 마음이 어둠 바닥으로 떨어진다. …잠이 오지 않는다. 가슴 밑바닥이 미세하게 쓰리고 있다… 표지가 맘에 들면, 내가 썼지만 나도 재미있어서 책 한 권을 앉은 자리에서 다 읽는데, 이번 어두운 표지의 책은 읽기도 싫다. 책이 나오면 들고 달려가던 박 선생에게도 가기 싫다. 내 삶이 정지된다.

밤이 깊도록 번갈아 들린다. 사장님의 말씀 "깔끔하던데요." 남편의 말 "아 가슴 답답해!"

나는 사장님의 말씀 '깔끔하던데요'에 위로받다가 남편의 말 '아 가슴 답답해!'에 쓰라려 한다. 이 위로의 말씀과 가슴 쓰린 말을 반복하면서 나는 생각한다.

사람의 말 한마디는 상대의 마음에 이렇게 양약이 되기도 하고 비수가 되기도 하는구나.

맘에 안 든 표지가 일을 한다

책(41집) 표지가 맘에 안 들어 잠 못 이룬 밤이 지나고 다음 날 아침이다. '내가 책 표지에 집착하니까, 그러지 말라고 하나님이 경고하신 거야.'

마음이 정리되자, 어제저녁 남편이 한 말이 생각난다.

"책이 나왔으니, 편집실장님에게 수고했다고 전화라도 넣지." 나는 곧 실장님에게 전화한다.

"책 내느라 수고하셨어요? …표지가 어둡고, 마음에는 안 들었어요. 어젯밤 내내 아팠어요."

"오늘 아침 출근할 때, 기도했어요. 선생님 마음 안 아프게 해 주시라고(표지가 어두워서)."

내 마음이 번쩍 깨어난다. 직무상 관계하는 사람(기일혜)의 '마음을 위해' 기도하다니. 자기 책임이 전혀 없는 일에. 순간 나는 어떤 개안(開眼)을 한다고나 할까… 표지가 맘에 들든 안 들든 다 시시하게 보인다. '한 사람의 마음'을 보았기 때문이다. 맘에 안 든 내 책 표지가 잠시지만 실장님 마음을 보는 기회를 준다. 일을 한다.

먼 데서 오신 손님

서울 근교 먼 데서 오신 독자를 만나러 집 앞 지하철역으로 나간다. 먼 데서 오시기에, 전에는 같이 점심 먹고 차 마시고 얘기하다가 보내 드린다. 그런데 어제는 코로나로 '사회적 거리 두기' 해야 하기에, 마스크 쓴 채 책만 드린다.

그렇게 보내려니 마음이 안돼서 지갑에서 돈 만 원 꺼내서 드린다. "점심도 못 먹고 이렇게 가니, 가다가 빵이라도 하나 사 먹고 가세요." "받아도 되나…?" 하다가 받는다.

그는 가면서, 그를 보내고 서 있는 나를 두 번 뒤돌아다본다. 그가 집에 도착해서 문자 보낸다. "작가님 이제 집에 왔어요. 작가님 너무… 어떻게 해요. 책 받은 것도 감사한데… 저를 살맛나게 하시는 작가님. 삶이 외롭고 힘들어도 (그는 지금 요양 보호사 교육받고 있음) 작가님 책을 읽으면 울림과 앎을 주셔요. 저한테 빵 사 먹으라고 주셔서 송구하다, 표현 맞나요?"

"'송구하다, 표현 맞나요?' 그렇게 언어 하나 사용에도 의문 갖고 사시는 모습, 어여쁘다고요."

갑자기 살맛이 날 때

왠지 살맛이 없을 때 나는, 말이 통하는 영적 친구를 만나야 한다. 그러나 친구를 만날 힘도 없다.

바로 그때, 동생이 내게 전화한다. 그는 내 말을 알아들을 만해서 내 무감각한, 살맛이 없는 상태를 자세하게 설명한다. "나 오늘 원고(초고) 넘기고 허탈하고 아무런 낙이 없다… 내가 지금 한 작가로서 절정이라 그런가. 전에는 원고 넘기고 나면 시원했는데, 지금은 현실 속으로 잘 하강(下降)이 안 된다. 이 비현실, 초현실 속에 계속 머물러 있고만 싶은 거야." 동생이 내 말을 얼른 잘 받는다.

"축하하네." "…무엇을…?"

동생은, 아무런 낙이 없는 작가로서의 내 절정을 축하한다고 한다. 예리한 영적 통찰이다. 그러자, 이상하게도 글 쓴 뒤의 허탈감이 사라지면서 갑자기 살맛이 난다. 인간의 삶은 같은 것 같으나 너무나 다르다. 동생은 내 영적인 친구. 그런데 가끔이다.

김밥 끄트머리 좋아하는 사람들

어느 친구 집에서 네 사람이 모여서 담소하는데 점심은 김밥이다. 젊은 친구가 유명한 김밥 집에 가서 사 온 고급 김밥이다. 한 친구가 김밥을 썰어 놓는데 바라보고 있는 두 사람이 말한다. "꼬랑이는 내가 먹을 거야."

꼬랑이엔 계란전 우엉 단무지 채소가 길게 달려 있다. 사람들은 김밥 속이 가지런히 들어 있는 반듯한 것보다 무질서하게 늘어진 끄트머리를 더 좋아한다. 나도 그런 편이다.

사람들은 왜 음식이 단정한 것보다 흐트러진 걸 더 좋아할까? 사람은 기계가 아니다. 자유하고 풍부 무한해서 규격진 것을 보면 답답해서 그럴까. 자연스럽게 휘늘어져야 숨이 쉬어진다. 인간이 본래 허술하기에… 며칠 뒤. 갑자기 그때 김밥 생각이 나서 남편에게 묻는다.

"당신 김밥 꼬랑이 좋아하세요?" "아니." 남편은 먹기 편하게 미역도 김치도 잘라야 한다. 사람은 각양각색. 참 새롭고 풍부하고, 다양하고, 즐거운 인간 세상이다.

대파 1단과 책 10권 들고 가는 여인

서울 외곽에서 나 만나러 온 친지와 저녁 먹고 차도 마시고 동네 골목 시장으로 간다. 그곳 아파트촌에 사는 친지가 마트 물건이 비싸다고 해서.

청년이 대파를 무더기로 놓고 판다. 한 트럭 실어다 팔고 남은 무더기 같다. "파 한 단에 얼마요?" "2천 원이요."

파 한 단이 벼 짚단 하나만큼이나 크다.

"집에 파가 떨어져서…" 친지가 파 한 단을 산다.

나는 집에 파가 있다. 남편이 신림동 친구 만나러 갔다가, 파 한 단 사 가지고 와 심어 놓았다. 파 한 단도 자기가 심은 것은 애착이 가는지, "파가 잘 자라고 있네", 아침이면 일어나서 베란다에 놓인 날로 파래지는 대파를 본다. 견물생심이라고 나는 대파가 있으면서도 대파가 싸서 한 단 산다.

친지는 내가 드린 책 10권도 무거운데, 무거운 대파까지 들고 지하철 계단을 내려간다. 무거운 대파와 책을 들고 가는 여인의 뒷모습이 어떤 고급 옷차림보다 더 아름답다.

아내 눈치 보며 사는 남편들

내 글을 읽은 친구들은 내 남편 얘기가 재미있다고 한다. 나는 별로, 보통인데. 나는 내 삶을 있는 그대로 쓰는 편이니까, 상대적으로 많이 나오는 사람이 남편이다. 다행히 뭐라고 써도 남편은 괜찮다고 한다. "자네가 빛날 수만 있다면 난 어떻게 돼도 좋네."

내 글을 위해서라면 자기는 어떻게 써도 좋다고 한다.

며칠 전 이런 남편과 얘기했다. 주제는 "남편들은 젊으나 늙으나 아내 눈치 보고 산다." 남편이 이런 말을 한다.

"내가 아내 눈치 가장 많이 보고 살 거네."

내가 남편을 구속하고 살고 있나? …나는 안 그런다고 해도, 내 존재가 짐이 되는가? 그러나 이런 결론에 도달한다.

부부는 서로 신뢰하고 사랑하고 살기에 상대의 눈치 보는 건 당연한 일. 사랑하는 아내 마음에 조금의 못마땅함도 안 주려고, 세심하게 아내 의중을 보살피는 행위, 이걸 부정적 표현으로 '아내 눈치 본다'고 하는데, 긍정적으로 보면 남편의 '섬세한 아내 마음 살피기'이다.

어느 독자의 투정

어느 독자(50대, 여)가 신앙생활하는 시골 교회 강사로 갔다. 독자는 집에서 차로 한 시간 거리에 있는 도시에서 직장생활하다, 주말에만 집으로 간다. 그의 도시 집에서 나는 하룻밤 묵기도 했다. 서울행 열차 타려고. 이번에는 어느 친구가 나를 데리러 와서, 독자의 도시 집에는 못 가게 된다. 그러자, 독자가 말한다. "작가님이 주무실 줄 알고 이부자리 빨려고 다 가져왔는데… 그것도 글에다 쓰세요."

투정하듯, 혼잣말처럼 중얼거린다. 얼마나 귀여운지, 속으로만 웃으면서 대답한다. '그래 쓸게요. 당신이 강사 재우려고, 이부자리 다 빨려고 차에다 싣고 왔다고.'

『살아 있는 것들의 엄살』이라는 내 수필집 제목이 있다. 이 독자의 투정도 살아 있는 것들의 귀여운 엄살 아닌가.

하찮은 얘기라고 할지 모르나, 세상에 하찮은 건 없다. 하찮은 것 속에 위대한 게 들어 있다고 말한 소설가도 있다.

어쨌든 나는 그 독자를 좋아 안 할 수가 없다. 내가 누구를 좋아 안 할 수 없다는 게, 어떻게 하찮은 일인가! 결코 아니다.

깨달음은 죽음 같은 것

손녀(고 3) 생일. 문자 편지로 마음만 보낸다. 전에는 문자 편지도 안 보냈는데 요즘 더 가까워졌다.

"○○야 할머니다. 오늘은 네 생일이다. 가족 모임은 다음으로 미뤘다지(코로나로). 너는 할머니가 보기에 예의심이 있고 총명하고 단아함까지, 여자의 미덕을 많이 가지고 있다. 너는 앞으로 어디를 가든지 무엇을 하든, 잘 해낼 것이다. 너는 너희 집에서 엄마 다음의 부총사령관이다. 너를 믿는다. 너를 점점 더 사랑하는 할머니가 보낸다."

"할머니 감사합니다. 수업(인터넷)하느라 바로 못 봤어요. 감사하고 저도 사랑해요."

'저도 사랑해요.' 손녀 마음에 감복해서 나는 곧 꽃집으로 장미 꽃다발을 전화 예약한다. 오후 네 시에 찾아가기로 하고. '꽃다발을 아들네 집 경비실에다 가만히 놔두고 와야지. 손녀가 놀라겠지.'

그런데, 그런데… 내가 꽃집에서 예약한 꽃다발 찾아 들고 손녀한테 가다가, 얼마 못 가서 갑자기 어지럼증이 일어난다. 더 갈 수가 없어서, 손녀한테 가는 걸 취소하고 간신히 집으로 향한다. 현관문을 열어 준 남편이 나를 보고 놀란다. "당신 얼굴이 왜 그래, 이 벽 색깔(흰색)이네."

나는 꽃다발을 내려놓고 쓰러지듯 눕는다.

꽃다발 들고 손녀 집으로 가는데, 현기증으로 나를 주저앉게 하시다니… 머리칼 하나도 세시는 주님이시니, 분명히 무슨 뜻이 있을 거야… 손녀는 공부하는 학생이니, 공부하게 두고, 너나 이 꽃다발 집에다 두고 보면서 생각을 좀 해 봐라. 지금이 어느 때냐, 꽃다발 들고 손녀나 찾아갈 때냐? 기도하고 깨달을 때다.

'깨달음은 죽음 같다.' 죽을 고통을 하고 죽을 고비를 넘겨야, 비로소 깨달음을 얻는다는 말씀 아닌가. …코로나 공포로 침묵하는 이 시대를 향한 주님 말씀이 무엇일까? …생각해 본다.

세상은 지금 봉쇄, 자가 격리로 떨고 있지만 주님은 여전히 일하신다. 장미를 꽃 피우고 미나리를 베어 풀처럼 버리지만(코로나로 유통이 막혀) 거기에도 뜻이 있다. 이스라엘의 바벨론 포로 생활 70년에도 뜻이 있듯이, 그 노예 생활에서도 그들은 깨닫고 배우고 각성하면서 많이 자랐듯이.

교육 목적은 아름다운 감수성을 키우는 것

내가 손녀에게 보내려다 못 보낸 꽃다발을 다음 날 스마트폰 사진으로 보낸다. 손녀가 받고 답장을 보냈다.

"할머니, 꽃이 너무 아름다워요! 감사합니다!"

손녀의 이 문자 편지에 감동해서, 나도 긴 답장을 보낸다.

"… '교육의 목적은 아름다운 감수성을 어떻게 키워 줄 것인가'라는 말을 들은 적이 있다.

자연의 아름다움뿐 아니라 인생에서도 아름다움을 느낄 줄 아는 감수성. 내가 좋아하는 사람뿐 아니라 모든 사람에게서 아름다움을 느끼는 안목이나 감성을 키워 주는 게 교육 목적이라고 한다. 내가 호감이 안 가는 사람이나 사물에서도 아름다움을 발견하고 느끼는 감수성의 심화(深化) 확대(擴大)가 교육 목적이라는 말이다.

'아름다움은 하나님의 친필(親筆)이다.'

'기도는 인간성의 자라남이다.'

할머니의 말 어려우면 통과해도 돼. 너를 사랑하니까 할머니가 말이 많다. 용서해라."

당신이 찾아 주신 뒤

"당신이 나를 찾아 주신 뒤, 이틀 밤을 잘 잤습니다. 아무 것도 드리지 못하고, 주고만 가신 당신. 그 뒷모습이 어찌 힘차 보이고 나이가 더 빠져나간 것 같았습니다. 받는 자보다 주는 자가 더 복이 있다는 말씀을 새기면서 얼마 남지 않은 여생을 새로운 마음으로 살겠습니다. 그렇게 침체되어 참 어려웠는데 많이 힘이 생겼습니다. …그렇게 자신을 드리면서 쓰신 글 저도 열심히 읽겠습니다. 어제는 봉투 10매를 사 왔습니다. 힘을 내서 편지도 쓰고 책도 보내고 하겠습니다. 상당히 깊이 병이 들었는데 당신을 만난 것이 만 가지 보약보다 더 효험이 있습니다. 먼 길 고맙습니다. 이유가 있습니다. 당신을 만나서입니다. 세상에 당신이 있다는 게 이렇게 좋을 수가, 생각하니 감사가 끝이 없습니다. 저의 간절한 염원 김 선생님 건강입니다. 하나님께서 들어주시겠지요? 코로나가 쎄지만 우리의 우정은 더 쎄네요. …김정죽."(코로나로 거의 매일 가던 도서관에도 못 가고 집에만 계신 정죽 님은 86세.)

94세 할머니의 부탁

어제 정죽 님을 통해 알게 된 불광동 할머니(하해수 권사)가 전화했다. 나 만나서 꼭 할 얘기가 있다고. 그는 요즘 노환으로 누워 있었는데, 어제는 벌떡 일어나서 나를 만나겠다! 택시 타고 지금 곧 가겠다고 우리 집 위치를 묻는다.

그는 내 책을 거의 다 읽은 독자, 노환의 고령 노인이 혼자 택시로 오신다기에 겁이 나서 내가 불광동으로 갔다. 약속 장소는 지하철 불광역 근처 제과점. 내가 제과점으로 들어갔다. 손녀와 같이 나온 그분이 내게 하신 말씀은 …평생 딸 하나 데리고 고생하는 자기에게 32년간 용돈 준 조카(남진규, 56세), 세상에 알리고 싶다고. 조카는 용돈도 월급 인상되는 대로, 그 10분의 1인 5만 원부터 시작해서 지금은 30만 원 보낸다. 단 한 달도 안 빼고, 32년 간 받은 사랑, 내 책에 내서 알리고 싶다는 94세 할머니 독자께 작가는 한 말씀 드린다. "훌륭한 조카를 두셨습니다. 아들에게도 받기 어려운 사랑 조카에게서 받으셨군요. 참 잘 사셨습니다. 이제 조카에게 진 사랑의 빚도 갚았으니 평안하셔요."

2부

어느 날의 편편상(片片想)

어느 날의 편편상(片片想)

예향(藝鄕) 광주에는 하○인 님(60대, 여)이 살고 있다.

그가 신앙생활 하는 교회에 강사로 간 적이 있고, 그의 첫 인상은 눈부셨다. 흰 피부는 신비해서 나는 감히 함부로 쳐다보지도 못했다. 그가 장성 동화면 우체국에 근무한다고 해서 한 번 더 놀랐다. 기품 있는 서양 귀부인을 우리나라 시골 우체국에 근무하게 한 것 같아 내가 괜히 민망스러웠다. 그만큼 그는 나를 압도하는 이국적인 우아함, 사람 외모에서 처음 보고 느낀 신비로움이었다. 그는 의외로 순진하고 맑아, 시골 담 밑에서 찾아낸 풀꽃 얘기들을 한동안 내게 전해 준, 소박하기도 한 여인…… 2~3년 전 광주 문화예술관 옆. 한 시간 이상 기다리다가(차가 막힘) 그를 만나, 늦은 저녁 먹으면서 보니, 15~16년 전에 본 그 상앗빛 얼굴에 세월이 지나간 흔적이 있어 슬펐다. 그녀만은 오래 상앗빛이길 꿈처럼 바랐는데…… 그래도 그를 보고 처음 느낀 신비한 아름다움은 지금도 상앗빛으로 남아 있다.

아름다움은 나를 끌어올리는 한 편의 시(詩)요, 연인이다.

공부 잘하고 오겠습니다

설날 이틀 전. 남들은 고깃간 앞으로 채소전으로 가는 바쁜 날. 나는 양력으로 가족들이 신년 인사 나눴기에 설 명절은 자유하다. 그래도 남편 눈치가 보인다. 나는 남편에게 장보기 부탁하고 이웃 박 선생 댁으로 부랴부랴 달려간다.

박 선생과 점심 같이 하자고 했기에. 가면서, 염치가 없어 남편에게 말한다. "나 지금 놀러 가는 것 아니어요. 공부하러 가요." 박 선생 댁에서 점심 들면서도 남편에게 전화한다.

"…나 지금 공부 잘하고 있어요." "어어어…." 내가 공부 잘하고 있다고 하니 남편도 부드럽게 '어어어…' 한다.

저녁 7시쯤 집에 와서도 말한다. "공부 잘하고 왔습니다. 좀 늦은 건 개인 지도 받느라고요."

그리고 남편이 사다 놓은 동태전감을 꺼내서 부랴부랴 동태전 부친다. 남편 얼굴은 평온. 아내가 나가면서 한 말 한마디, 학교 가서 '공부 잘하고 오겠습니다'가 온종일 우리 부부를 원만하게 한다. 내가 가는 곳은 어디나 내가 배우는 인생 학교요, 공부하는 교실이다.

오늘 저녁은 쑥전이어요

"여보, 오늘 저녁은 쑥전이어요… 메밀가루 밀가루 조금 섞어 쑥 넣고 만든 쑥전 부침개." 내가 이 말을 남편에게 여러 번 했으나, 남편 대답이 없어서 또 반복한다.

"오늘 저녁은 쑥전이어요. 메밀가루에 밀가루 조금 섞은 쑥전 부침개." 남편이 짜증난 목소리로 "알았다고, 알았어" 한다. 말 많이 하는 것 싫어하는 남편.

그때야 나는 '앗차! 내가 또 말 많이 했구나' 입을 다문다. 한 10분이나 지났을까, 내 생명이 정지된 것 같아서, 몇 번이나 말하고 싶은 걸 참는다. '이번엔 오래 참아야지' 왜 나는 사람과 말을 하려고 할까. 그러다가 말을 참고 있는 내 꼴을 보니, 갑자기 웃음이 터진다.

남편이 왜 웃느냐고 한다. "당신하고 말하고 싶은 걸 참고 있는 내 꼴이 하도 우스워서… 다 참아도 웃음은 못 참겠네." 내가 갑자기 크게 막 웃자, 어이없는지 남편 표정도 밝아진다. 남편이 차게 말하면 나는 더 따뜻하게 말해서 녹이면 되지. 그게 뭐 그리 어렵다고.

함께 일할 때는 고수라도 하수처럼

새 수필집(41) 표지 시안(試案) 6점이 '퀵서비스'로 왔다.

두 점이 맘에 든다. 객관성을 가지려고 꽃 전문가인 박 선생에게 전화한다. "…잠깐 들를 테니, 표지 시안을 보고 소감을 말해 주시겠어요?"

"… 제가 뭘 안다고… 선생님 생각대로 하세요. 뭘 여기까지 오셔요."

나는 이 박 선생의 낮아짐에 놀라서 옆에 있는 남편에게 말한다.

"이 꽃 선생님 겸손 보세요. 꽃에 대해서 독일까지 가서 공부하고 온 전문가인데 '내가 뭘 알아요. 선생님 뜻대로 하세요' 하네요. 세상에 이런 겸손이 어디 있겠어요?"

두 사람이 일할 때는 내가 상대보다 고수(高手)라도 하수(下手)처럼 겸손한 자세로 임해야, 일이 즐겁게 잘 마무리된다. 창의성이 살아난다. 진정한 겸손은 '세상에 나보다 못한 사람은 한 사람도 없다'는 마음이라고 한다.

코로나19 때문에

코로나19로 사람들이 여행과 외출을 삼가기에 세상이 좀 조용해진다. 조용하기보다 무섭게 침묵한다고나 할까.

우리는 그동안 너무나 많이 여행하고 사람 만나고 외식하면서 시끄러운 삶을 살지 않았나? 자문해 본다. 어느 분 전화도 내 생각과 같다.

"그동안 우리들이 너무 많이 여행 다니고 외식하고 살았어요… 요새 딸은 코로나19로 재택근무하고 아들도 코로나로 퇴근해서 집에 와서 저녁 먹으니, 오랜만에 가족이 모여서 식사하네요. 코로나 때문에 그동안 소홀했던 가정이, 가족이 찾아지네요. 코로나가 우리들 삶을 돌아보게 하네요… 작가님도 동감이세요? 요즘 작가님은 꽃 선생님과 만나시나, 궁금했지요." "외출 안 한 지가 한 두어 달… 답답하지 않아요. 내 방에서 능선 바라보는 게 일과예요… 기도 배부르게 하고 싶어서 기도원에 가신다고요?"

오랜만에 능선도 오래 바라보고, 기도원에 가서 기도도 많이 하고. 이것도 코로나 덕분이다.

고흥 금장교회_ 벽난로가 있는 집

고흥 금장교회 사택 앞마당을 거닐면서 하늘을 올려다본다. 짙푸른 하늘로 새하얀 연기가 올라간다. 모락모락 올라가는 평화로운 연기. 조 목사님 댁 거실 벽난로에서 올라가는 연기다.

어렸을 때, 고향집 부엌에서 나던 연기가 생각난다. 어느 쪽에선가, 바람이 세게 불면, 역류하는 매운 연기에 눈물을 많이 흘리시던 어머니… 금장교회 마당가 감나무 밑으로는 장작 무더기가 있다.

면장갑을 낀 목사님이 장작을 날라다 벽난로에 집어넣는다. 나는 푸른 하늘로 곱게 퍼지는 흰 연기를 한참이나 바라보다가 '이런 호사를 오래 누려선 안 되지' 하고 목사님께 묻는다. "이 벽난로는 목사님이 만드셨어요?"

"전에 계시던 목사님이 놓고 가셨어요."

나중에 보니 이 벽난로는 붙박이가 아니라, 벽 가까이에 놓여 있는 이동이 가능한 난로다.

"목사님, 이 장작은 어디서 사 오지요?"

"과수원 하시는 어느 장로님이 가지치기한 걸 차로 실어다 주셨어요." "장작은 아껴 때야지요. 목사님 벽난로에 장작불 그만 때세요. 냉기만 가시면 돼요." "장로님이 나무 얼마든지 가져가래요. 떨어지면 또 실어다 주신다고."

목사님은 손님인 나를 안심시키려는 말씀이나 나는 맘이 계속 불편하다. …'장작은 나무다.' 장작 태우는 일은 내게 산에 나무 태우는 일이나 같다. 도자기 굽는 가마에서 활활 타는 장작불 더미를 볼 때마다 산의 푸른 나무가 타는 것 같다. 가세가 기울어진 소녀 때, 내가 역 앞 나무 시장으로 땔감 사러 가서, 장작이 얼마나 귀한 땔감이라는 것을 알았다. 나는 비싼 장작은 쳐다보지도 못하고 삭정이나 가리나무 같은 나뭇짐을 사서, 나무꾼 앞세우고 집으로 근심스럽게 걸어갔다(오빠 언니는 광주에서 학교 다니고 내가 나무 사러 다님).

장작을 태우는 일은 아깝고 조심스럽다. 벽난로에 장작을 맘껏 때도 좋은, 그런 사치나 호강 누릴 사람은 이 지상에 아무도 없다. 아무리 장작이 많아도 냉기만 가시게 때고 살아야 한다. 이것이, 자원이 한정된 이 땅에서 사는 사람의 도리요, 바람직한 생활 태도라고 나는 생각한다.

고흥 금장교회_ 그 사람을 한마디로 말한다면

한 사람을 한마디로 말할 때가 있다.

'그 사람 좋은 사람이야… 그 사람 나쁜 사람이야.' '그 사람 인정이 많아. 그 사람 독해.'

그날 금장교회 주일 예배에서 조 목사님이 설교한 말씀 중 한 대목을 내 말로 요약한다.

"…성경의 인물들을 한마디로 말한다면 '노아는 당대의 의인, 다윗은 하나님 마음에 드는 사람, 아브라함은 믿음의 조상, 눈물의 선지자 예레미야… 링컨은 노예 해방의 아버지, 간디는 인도 독립의 아버지'라고 합니다."

조 목사님 설교를 들으면서 생각한다. 사람들은 나를 한마디로 뭐라고 할까? 미국 시애틀 어느 교회에 강사로 갔을 때, 나를 소개하는 목사님 말씀이 기억에 남아 있다.

"가난을 만드는 작가 기일혜 님을 소개합니다."

나는 깜짝 놀랐다. 나를 한마디로 '가난을 만드는 사람이라고? ….'

듣고 보니 어느 정도는 맞는 말이다.

'아아 사람을 한마디로 말하는 것도 필요하구나.'

그 말씀을 듣는 순간 내가 정리되면서 내가 나를 객관적으로 보게 된다.

사람들은 내 아버지를 '강변의 철학자'라고 불렀다.

무능한 강변 철학자의 아내로 고생고생하면서 참고 산 어머니는 어느 날 내게 한마디로 '이솝 같은 사람'으로 보이기도 하고 '한없이 부드러운 여인'으로 보이기도 한다.

오래전, 내 이웃에 살면서 내 일상을 들여다보듯이 아는 혜경 엄마가 우리 부부를 한마디로 말한다.

"선생님(남편)은 참나무 같고, 작가님은 그 참나무에 붙어 있는 매미 같아요."

고흥 금장교회_점심 반찬 만들어 오는 할머니

여든 넘은 할머니(배옥자 님)가 주일날이면, 승용차에다 교인들 점심 반찬 싣고 교회로 오신다.

내가 간 주일날 점심엔 민어찜, 민어조림, 도토리묵, 고구마, 사과전 등의 반찬을 해 오셨다. 그분은 일주일 동안 교인들 먹일 반찬을 생각하다 만들어 가지고 오신다고 한다. 그날 점심상엔 다른 분들이 해 온 무나물, 달래무침도 있다.

목사님이 달래무침을 맛있다고 드셔서, 맛을 보니 싱겁게 먹는 내 입맛엔 맵고 짜다.

내가 사택으로 와서 목사님께 묻는다.

"목사님 점심에 나온 달래무침이 좀 짜던데요?"

"교인들이 만들어 가지고 온 반찬은 다 맛있어요."

왜 그런 질문을 하느냐는 듯, 목사님 대답은 냉정하시다. 이것이 '강사와 목사의 차이'.

목사님이 교인들을 그렇게 사랑하시기에, 너도나도 반찬 만들어서 교회로 가지고 오는 것 아닐까. 목사님은 교인들을 전적으로 사랑하시기에, 사랑하는 마음으로 들면 그 음식 맛이 싱거운지 짠지 잘 모른다. 사랑은 모든 허물을 덮는다. 미각도 덮는다. 다 맛이 있다.

"저 들 밖에 한밤중에 양 틈에 자던 목자들…."

이런 찬송가 구절이 있다.

선한 목자는 모진 겨울 들판에서도 양과 같이 누워 자면서 양의 목숨을 지킨다.

고흥 금장교회_ 다듬지 않은 말도 통하는 사람들

겨울 어느 토요일, 고흥 금장교회에 도착해서 금잔디가 남아 있는 교회 마당을 거닌다. 담장이 낮아 옆집 텃밭이 보인다. 파란 배추 싱싱한 가을 무 이파리. 나는 묻는다.

"목사님, 지금이 한겨울인데 저렇게 배추 무가 싱싱하네요?"

"여기가 순천보다 따뜻해요. 제주도 날씨 비슷해요. 귤 재배도 해요."

내가 상추나 채소 좋아하는 것 아시는 목사님. 그러나 사택엔 텃밭이 없다.

다음 날 아침. 어느 교인이 이 겨울에 싱싱한 배추 한 포기 들고 와서, 사모님께 투정하듯이 말한다.

"목사님은 배추 있는 우리(최만예 님) 집이나 김 권사 집으로 전화하시지, 배추 안 심은 배 권사에게 전화하셨다요…?"

어찌 들으면 퉁명스러운 말투. 사모님은 웃기만 한다.

목사님은 어제, 교회에 '점심 반찬 자원봉사' 하시는 배옥자 님에게 상추, 배추 있느냐고 전화했다. 강사 대접하려고. 그가 없다고 하니, 목사님은 이렇게 말씀하신다.

"배추나 시금치도 안 심고 뭐 했소?"

얼핏 들으면 나무람 같으나 신뢰에서 나오는 다정하고 투명한 직설 화법이다.

배옥자 님에게서 이 소식 듣고, 배추 있는 최만예 님이 오늘 아침 자원해서 사택으로 배추 가지고 오신 것. 주일 점심 때, 푸른 배추가 사택으로 온 경위를 다 듣고 난 나는 흐뭇해진다.

이 교회 목사님이나 교인들은 한 가족 같구나. 서로 다듬지 않은 말을 주고받아도 다 통하고 오해가 없다. 다듬지 않은 직설법으로 말해도 잘 알아듣는 편안한 교회 식구들. 한마디로 영(靈) 가족이다.

고흥금장교회_ 잃어버린 그 아들의 명함

"여호와께서 사탄에게 이르시되 네가 내 종 욥을 주의하여 보았느냐 그와 같이 온전하고 정직하여 하나님을 경외하며 악에서 떠난 자는 세상에 없느니라"(욥기 1:8).

하나님도 자기 자녀인 욥을 사탄에게 자랑하신다. 사람도 자기보다 자녀가 잘된 것을 더 기뻐한다. 자녀를 자기보다 더 사랑하기에. 하나님도 자기 자녀인 우리를 사랑해서 자기 친아들(예수님)도 아끼지 않고 십자가에서 죽게 하셨다.

금장교회 주일 점심시간. 그 교회 김 선생님과 대화 중, 그는 자기 아들 명함을 내게 주신다. 물리학 박사로 어느 명문대 부총장. "이런 촌에서 아들이 그만큼 된 건 하나님 은혜입니다." 그가 살아온 삶과 믿음이 영광스러워서 그 명함 들고 누구에게 자랑하다가 그 명함을 잃어버렸다. 아쉬워하면서 나도 하나님이 자랑하시는 욥 같은 자녀가 되어야지 한다.

하나님의 자랑 기준은 세상과 다르다.

욥은 '당대의 의인', 하나님은 욥의 믿음을 자랑한 것이다.

고흥 금장교회_ 마음이 쉬고 싶은 집

고흥 금장교회 주일 예배에 강사로 갔다. 그곳은 내가 가고 싶은 곳이다. 그 교회 목사님 부부와 대화가 돼서도 그렇지만 그 교회 교인인 김 선생님(70세) 집이 편안하게 보여서다. 외국으로 국내로 한 27~28년 강사로 다녔지만, 쉬고 싶은 집이 있다면 그 집이다.

그날은 햇볕 따스한 봄날 오후, 그 집에 들어서자마자 그 집의 안온함에 감싸인다. 산과 동네 인가를 뒤로하고 나지막이 자리 잡은 남향집. '이런 집에서 한 열흘만 쉬고 싶다….'

그 뒤, 지난 설 무렵에 또 갔다. 그때는 그 댁 안주인이 무릎 수술해서 목사님과 심방 가게 되었다. 그런데 그 봄날의 집이 아니었다. 겨울이고 주부가 무릎 수술해서 그랬을까. 전에 흐르던 윤기나 온기, 생기는 많이 사라지고 너른 텃밭 한 귀퉁이에서 푸른 배추와 상추만 너울너울했다.

그 집 방문 전 교회에서 점심 들 때, 내가 그 집주인 김 선생님에게 말한다. 당신 집이 '가장 쉬고 싶은 집'이라고. "그렇게 하시지요." 그는 주저하는 기색 조금도 없이 흔쾌히 즉답하신다. 아내가 수술하고 회복 중인데, 나더러 와서 쉬라고 서슴없이 대답하신다.

이제 그 집은 내가 가서 '몸이 쉬고 싶은 집'에서 '마음이 쉬고 싶은 집'으로 승격된다. 김 선생님의 대답 한마디로 그 집은 내게 더 가고 싶은 마음의 집으로 남아 있을 것.

아내가 아파 있는 상황에서도 조금의 망설임도 없이, 내 집에 오겠다는 손님을 거절 않고 와서 쉬라고 즉답하는 김 선생님(장로님) 마음. 참으로 손님 대접할 줄 아는 마음이다.

요즘에도 내 집에 와서 며칠 쉬라고 하는 사람 있을까? 자기 집에 차 마시러 오라는 사람도 드물다. 그러나 성경 히브리서에는 손님 대접은 복 받는 일이라고 했다.

"형제 사랑하기를 계속하고 손님 대접하기를 잊지 말라 이로써 부지중에 천사들을 대접한 이들이 있었느니라"(히브리서 13:1~2).

어른들끼리 잘 놀기

설날 이틀 전. 박 선생 댁에서 종일 공부하다가(놀다가) 저녁 7시쯤 집으로 돌아온다. 나는 노는 게 공부다.

그런데 두 어른이 잘 논다는 건 쉽지가 않다. 서로를 배려하고 이해하고 함께 즐거워해야 한다. 그렇지 못하기에, 아이들은 놀다가 자주 싸운다. 승부 근성이나 이기심이 나오기 때문이다. 어른도 별반 다르지 않다. 상대를 제압하거나 지배하려고 하면 안 된다. 상대의 말을 경청하고.

경청만 하고 있으면 '최고의 놀이'인 대화가 싱거워진다. 창의적이고 따뜻한 말로 대화에 새 물을 부어 주어야 한다.

공부하러 간다고 나간 내가 돌아오자 남편은 내게 부드럽게 묻는다. "공부는 잘하고 왔는가?"

공부하고 온 자녀를 나무라는 부모는 없다. 자녀가 공부한다고 하면 부모는 무조건 기뻐하면서 최고로 대우한다. 그렇듯이 가장(家長)인 남편은 아내를 양육하고 보호할(에베소서 5:29) 의무가 있다. 공부하는 아내를 도와야 한다.

생강차 한 잔

어느 날 이웃 박 선생 댁에 가니, 생강차를 주신다.

생강과 배를 갈아서 꿀로 잰 생강차다. 요즘은 꿀도 비싸서 나는 엄두도 못 내는 차다. 나는 그 생강차를 사양한다. 그가 바쁜 중에 만든 귀한 것, 그가 두고두고 마셔야 하므로. 강하게 사양하는 내게 박 선생은 내가 생강차를 마셔야 하는 이유를 자세하게 설명한다.

"어제저녁에 이 생강차 동생(여진)에게 줬더니 '기일혜 선생님 것은?' 해요. 그래서 내가 선생님은 오시면 여기서 생강차 드리면 돼, 했어요… 여진이가 선생님 생각을 그렇게 한다니까요."

나는 박 선생 가족이 된 것 같은 생각이 들면서 긴장이 된다. 황량한 이 세상에서 나를 동기처럼 여기고, 좋은 것 나눌 때 생각났다는 것은 내게 살아갈 한 줌의 힘이 된다. 이런 일은 요즘 세상에서 보통 있을 수 있는 일 아니다.

여진 님 자매의 온정이 담긴 생강차를 마시면서 나는, 삶의 의무에 대해서, 삶의 책임에 대해서 다시 생각하게 된다.

내 영혼을 어루만져 주세요

해남 최 목사님(77세, 여) 전화다. 이런저런 평범한 일상 얘기라도 그가 하면 예스럽게 들린다. 그의 얘기가 공부도 되기에 나는 잘 들어 드린다. 한동안 얘기하시다가 갑자기 이런 말씀을 하신다.

"…선생님은 제 영혼을 어루만져 줘요."

나는 긴장하면서 '내가 지금 이 전화 소홀히 받고 있지 않나,' 나 자신을 곧 점검한다. 들여다본다.

「신혼여행」이란 내 수필에서 사랑하는 사람과의 대화는 '영혼의 애무'라고 했다. 최 목사님의 말씀을 듣고 보니, '영혼의 애무'보다 '영혼의 어루만짐'이 더 품격 있지 않았을까 한다.

요즘 외로운 사람들이 많다. 배고파서, 못 입어서 외로울까? 누군가 자기 영혼을 어루만져 주고 감싸 주는 그 한 사람이 없어서 외로운 것.

나는 가끔 영혼이 곤핍하면 이웃 박 선생에게 간다. 지난번 원고 16편 날리고도 갔다. 진정한 위로는 내 말을 깊이 들어 주면서 내 영혼을 어루만져 주는 것. 이제 인간의 대화는 경청을 넘어 영혼 어루만져 줌으로 격상되어야 하지 않을까 한다.

귀가 밝을 때, 남의 말 잘 들어 주어야지, 귀가 어두우면 남의 말 못 들어 주니까.

귀가 밝을 때, 남의 말 잘 들으면서 남의 영혼 따뜻하게 어루만져 주어야지 한다.

말은 그 사람의 인격, 영혼. 그 사람의 모든 것이니까.

내가 자고 있을 때

의왕시 민백마을 근처 어느 교회 2층 식당이다. 만난 사람은 네 사람이다. 나와 친지, 그리고 친지와 전(前) 교회에서 잘 지냈던 두 분. 네 사람이 식탁을 마주하고 앉았다.

친지는 내 옆에 앉은 혜숙 님에게 나를 소개한다.

"이분은 내가 언제 한번 책 줬지요. 『내가 졸고 있을 때』 그 작가 선생님이어요."

"아아 '내가 자고 있을 때…'."

『내가 졸고 있을 때』를 '내가 자고 있을 때'라고 그는 기억하고 있다. 재미있다.

점심 들면서 네 사람의 이야기가 오고 간다. 내 옆에 앉은 '내가 자고 있을 때'라고 말한 혜숙 님이 하는 말이 새롭다. 어디서도 못 들은 말이다.

"나는 성경책을 1년에 네 번은 읽어요… 내 친구는 성경 속에 나오는 사람들이어요."

1년에 성경 네 번이나 읽고, 세상 사람이 친구 아니고 성경 속에 나오는 사람들이 친구라고 한다. 아직까지 그 누구에게서도 못 들은 말이다. 내 맞은편에 앉아 있는 '혜숙 님 친구'인 봉순 님. 그도 성경 속 인물처럼 내게는 달리 우러러 보인다.

친구를 세상에서만 사귀려 하지 말고 성경에 나오는 사람들과 사귀는 것, 나도 배우고 싶다. 성경 속 훌륭한 인물들과 친구가 되는 건 곧 예수님과 친구 되는 것이니까.

네 사람이 다시 만날 약속하면서 즐거워한다. 성품이 다 달라서 즐거운 네 사람.

봉순 언니는 봉숭아처럼 한량없이 곱고 편안하고.

혜숙 님은 새것 모색하고 추구하는 눈빛으로 반짝이고.

나를 그들에게 소개한 친지는 경건한 의욕이 무한량이고.

나는 사람에 대한 호기심 어린 애정으로 넘치고….

예수님을 만나서 즐거운 네 여인들.

다음에 만날 장소는 봉순 언니네 집.

100년 넘은 집에서 살기

100년이 넘은 집에서 사시는 해남 최 목사님(여)의 어제 전화다. “기쁜 소식을 전할 사람 찾다가….”

그 소식은, 그가 지금 77세인데 그가 30여 년 전에 목회한 교회에서 초빙이 왔다고. 담임 목사님 모실 동안 말씀 증거 해 주시라고. 그는 다음주 설교 제목까지 말씀해 주신다. “하나님은 누구신가?”

그는 이런 말씀도 하신다. “선생님, 동생(남)이 와서 마루를 고치려고 뜯어보니, 못질도 않고 놨어요… 황칠나무 가지만 쳐 가는데, 50만 원을 줘요.”

“그 황칠나무요? 언젠가 텃밭에 심으셨다는 그 황칠나무요? 벌써 그렇게 자랐어요? 근데 그때, 황칠나무 묘목 200그루 얼마 주고 사셨다고 했어요?” “5백만 원이요. 앞으로 계속 가지 쳐 가도 나무는 그대로 남아 있어요. 황칠나무는 음식에 넣으면 옻나무보다 더 좋대요.” “그래요오.”

그는 100년 넘은 고택에서 황칠나무를 심으면서 옛집을 사랑하고, 주님 말씀 사모하면서 지금도 목회하고 있다.

릴케의 장미와 만날 때

사람은 물론이고 삼라만상, 꽃 한 송이 하고도 내가 만나는 때가 있다. 나는 그동안 장미꽃과 만나지 못했다고나 할까. 별로 좋아하지 않았다. 여러 겹이 포개져서 답답하게 보이고 진한 꽃색이나 향기도 자극적이어서 좋아하지 않았다.

손녀에게 생일 선물하려던 우아한 장미 꽃다발을 갑자기 일어난 현기증으로 못 갖다 주고, 며칠 간 곁에 두고 낮에도 밤중에도 새벽에도 보고 나서 그럴까. 기막히게 맑고 연한 색상 때문이었을까. 장미의 아름다움이 이제야 제대로 느껴진다.

입으로 불면 연한 분홍이 날아가 버리고 흰색이 될 것만 같은, 흰색보다 내게는 더 순결하게 느껴지는 한없이 맑고 연하디연한 분홍의 장미꽃. 그건 꽃잎이 아니라 고이 잠든 아기의 눈꺼풀. 먼지 가득한 세상 안 보려고 겹겹이 문을 닫고, 포근히 잠든 아기의 눈꺼풀 같은 장미 꽃잎들을 보면서, 릴케의 시와 만난다. 릴케 시의 해설자는 말한다.

"그 누구의 죽음도 아닌 자기 자신의 죽음을 바랐던 그(릴케)에게, 가장 자기다운 죽음이 성취되는 날이 왔다. 장미꽃 가시에 찔린 것이 탈이 나서 백혈병을 일으켜, 이것이 죽음의 원인이 되었다고 한다. 죽음에 있어서까지 릴케는 전설을 마련해 주고 갔던 것이다. 우리는 여기에서 또한 자작(自作)으로 된 그의 묘비명(墓碑銘)을 상기하지 않을 수가 없다."

"장미꽃이여, 오 순수한 모순이여, 이리도 많은
눈꺼풀 아래 그 누구의 잠도 아닌 기꺼움이여."

이번 장미와의 만남으로 내 미의 영토가 더 많이 확장되었다.

내 영혼의 빗장을 노크하는 사람

어제, 박 선생과 통화하다가 끊겨서 내가 다시 전화한다.

어제 전화 내용은, 꽃집에서 꽃다발 들고 가다가, 현기증이 나서 손녀에게 못 갖다 주고 집에다 두고 본다고. "… 어제 손녀에게 못 갖다 주었어요. 집에다 두고 보고 있어요."

"그래요. 못 가셨어요… 그 꽃다발은 손녀가 할머니께 드린 선물이네요. 하나님이 선생님께 주신 선물이고요. 그렇잖으면 선생님이 언제 그렇게 비싼 꽃다발 사겠어요."

"맞아요. 저를 위해선 평생 못 사지요. 그러니까 주님이 강권적으로 제게 주신 거네요… 아주 '연하디연한' 분홍을 무슨 색이라고 해요? …내 느낌이지만 이 뭐라고 말할 수도 없이 맑고 연한 분홍 장미는 이상하게 흰 장미보다 더 순결함이 느껴져요… 이번에 장미 꽃다발 보면서 릴케가 사랑한 장미와 만났어요."

릴케가 자작한 묘비명을 박 선생에게 불러 준다(장미꽃이여, 오 순수한 모순이여, 이리도 많은 / 눈꺼풀 아래 그 누구의 잠도 아닌 기꺼움이여).

"…선생님과 통화하고 나면 하루가 풍부해져요. 누가 내 영혼의 빗장을 노크하겠어요.

아무도 안 해요. 선생님에게만 내 영혼의 빗장을 열어요… 누가 릴케 시(詩) 이야기를 내게 해 주겠어요? 내 영혼을 아는 사람이 없으니까요."

"그래요. 그럼 가끔 전화해야겠네요. 만나서 얘기하는 것보다 전화가 더 진지하게 집중할 수도 있어요. 분산을 안 하니까."

김밥 잔치

내가 우정을 약속한 지민 엄마와 지민 양을 우리 집에 초대하려고 한다. 그런데 이상한 초대다. 그날 그 엄마에게 그가 잘 만드는 김밥 가져오시라고 내가 주문했으니까. 초대 손님에게 그날 들 음식 만들어 오라고 하는 아주 무례한 초대다. 날짜는 코로나로 아직 미정.

그 엄마는 김밥 준비하고, 나는 거실을 아름답게 해서 그들에게 차를 대접할 것이다. 아름다움은 하나님의 친필이니까, 꾸미지 않고 자연스럽게 여백을 살려서, 초대한 손님들이 자유롭게, 무한하게 느끼다 가시도록 하려고 한다.

'김밥 잔치' 생각만으로도 마음이 설렌다. 마음 설렐 때, 내 인생은 한없이 아름답고, 한없이 감사해진다. 내 설렘은 내 마음 중심에서 일어나는 전인격적인 작용이라 그럴까.

고흐는 동생 테오에게 말했다. 될 수 있으면 많이 감탄해라! 많은 사람들이 충분히 감탄하지 못하고 있으니까.

내 설렘은 내 감탄보다 깊은 곳에 있다. 더 순결하다.

내게 설렘을 주는 모든 사물, 사람에게 감사한다.

대답하는 자(者)와 질문하는 자(者)

6월 아침. 우리 아파트 산책로를 걸어가는데, 웬 사다리차(?) 꼭대기가 소나무 높은 가지 옆에 머물러 있다. 얼마 후 다시 보니, 그 꼭대기에 사람 둘이 올라가 있다. 나는 사다리차 옆으로 가서, 감독하는 관리실 직원에게 묻는다. "저게 무슨 차요?" "스카이차요." "저기서 뭘 해요?" "죽은 가지를 잘라 내요." "나는 소나무재선충에 걸려서 잘라 내는가 하고 걱정했는데… 그럼 스카이차 쓰는 데 얼마요?" "50만 원 주면 하루내 써요." "그럼 매년 불러요." "2~3년에 한 번 불러요." "친절하게 대답해 주셔서 고마워요. 제가 좀 궁금한 게 많아서…."

그 뒤에 어디서 이런 글을 본다.

"대답하는 자(者) 과거에 갇히고 질문하는 자(者) 미래로 열린다." / "…호기심은 외부 대상에 관심을 갖는 정도에 그치는 것이 아니라 아직 해석되지 않은 곳으로 건너가는 일을 시작하게 해 주는 원초적인 힘이다."

내 글 대부분은 내 호기심에서 써진다.

아름다움은 하나님의 친필이다

"아름다움은 하나님의 친필(親筆)이다." 미국 사상가, 시인 에머슨의 명구라고 한다.

그림 한 폭이 명화가 되고 음악 한 곡이 명곡이 되려면 그 작품을 만든 화가나 작곡가의 영혼이 신의 경지에 들어가야 한다. 그래야 불후의 명품이 되지 않을까. 베토벤의 음악을 듣고 있으면 천국의 소리를 듣는 것 같고 고흐의 그림을 보고 있으면 천국의 한 모습을 보는 것 같다고 하는 이도 있다. 도스토옙스키의 작품은 그의 안에 내재된 지선(至善), 지악(至惡)의 격렬한 전투사가 아닐까.

그의 내부엔 어머니로부터 받은 지고지선(至高至善)과 아버지로부터 받은 극악무도함이 혼재돼 있어서, 그는 작품 안에서 선악의 극한 상황, 기묘한 광란(?)에 가까운 내적 전쟁을 치르면서 죽어 간다. 그러나 끝내는 복음서(福音書)에 귀의하는 그의 영혼을 본다.

사람은 다 신의 작품.

사람은 하나님이 손수 만드신 극상의 아름다움이다.

스마트폰 문자 오는 소리

요즘 내게는 듣기 좋은 소리가 있다.

내가 책을 우체국 소포로 보내면 잘 전달했다는 스마트폰 문자 오는 소리가 들린다. 전화벨 소리보다는 작게, 짧게 울린다. 소포는 정확하게 전달된다. 그러면 나는 책 수신인이 되어서 그가 좋아할 제목의 글을 읽어 보기도 하고, 그 사람은 어떤 글을 좋아할까, 생각을 해 보기도 한다. 내가 그 사람 입장이 되어서 책을 읽거나 글 내용을 음미해 본다.

요즘은 나나 남편이나 나이 들어서, 책 사서 포장하고 주소 적어 우체국 가서 부치는 일도 힘들어서, 가능한 분들에겐 출판사로 주문해서 보시라고 한다. 새 책이 나오면 출판사에서 안내 문자 보내니까. 출판사로 직접 주문 어려운 분들에게만 내가 우송한다.

언제까지 우송할지는 모르지만. 인생은 유한해서 하루하루, 일 하나하나가 다 소중하게 여겨진다.

존경하는 '더, 더, 더 팬' 님께

설날 그믐날 삼송리 친구에게 가서 하룻밤 보내고 새벽에 일어나서 왔다. 와서 떡국 끓여 설날 아침상 차려 놓으니, 삼송리 친구에게서 문자가 온다.

"식탁 위에 선생님이 드셨던 컵을 보니, 선생님의 빈자리가 크게 느껴지네요. 쓸쓸해요. 새벽에 삼송역까지 가는 길도 오늘따라 너무 짧았어요. 갑자기 선생님이 내리시니까 너무 아쉬웠어요. 선생님과 일박하면서 나눈 많은 대화들이 고스란히 정으로 남아서 그럴까요?

오늘 설 명절, 제가 존경하는 '더, 더, 더 팬' 님과 함께 행복한 명절 보내세요…."

'더, 더, 더 팬' 님에 대해선 설명이 필요하다.

내 남편을 내 글에서 보고 팬이 된 분들이 있다. 그중에는 민망하게도 '인격이 고결해서… 처음부터 반했어요!' 하는 독자도 있고. 그날 밤, 남편의 팬 이야기를 삼송리 친구에게 했더니, 친구는 남편의 다른 어떤 팬들보다 자기는 '더 더 더 더 더 팬'이라고 해서 둘이 눈물이 날 정도로 많이 웃었다.

그러므로 '더, 더, 더… 팬'은 친구 자신인데 남편을 '더, 더, 더 팬' 님이라고 호칭했다. 그래서 더 재미가 있지 않은가.

덕수궁 박물관에는 청자연적이 하나 있었는데, 연꽃잎 하나가 약간 옆으로 삐뚜름하게 꼬부라졌다. 연꽃잎 하나를 꼬부라지게 하려면 마음의 여유가 필요하다고 한다. 꼬부라지고 흠이 있어야 더 살아 있게 보인다.

사람도 흠 있고 실수가 있어야 사람답다. 그래야 흠 많고 실수 많은 부족한 사람들이 비집고 들어가 숨 쉴 틈, 여유가 생기지 않겠는가.

선물이 아니라 정입니다

외나로도 남광교회에 강사로 가서 예배드리고 왔다.

한 일 년 지난 올해 섣달 그믐날. 그 교회 목사님이 생굴과 매생이를 보냈다. 내 주소를 모르는 목사님은 갑숙 님 통해 출판사로 물었다. 출판사 양 과장님이 내 의향을 물어 와서 가르쳐 드리지 말라고 했다. 그랬더니 갑숙 님이 전주 김 사모에게 내 주소 물어서, 그 선물이 내게로 오게 되었다.

선물 받고 편치 않은 맘으로 목사님께 문자 편지 드린다.

"…저는 선물 안 받는다고 책에다 썼는데… 굴은 생물이라 돌려드릴 수도 없고… '어찌하오리까?'입니다."

"선생님, 선물 아니고 정입니다. 맛있게 드셔 주시면 감사하겠습니다." "목사님, 선물 아니고 정이라고요…?"

선물 받게 하는 방법도 가지가지다. 선물 아니고 정이라니, 나를 꼼짝 못하게 하는 말씀이다. 그러나 이것도 내겐 단 한 번만 통한다. 모든 선물은 나를 복잡하게, 깊은 생각 못 하게 한다.

나를 참으로 생각한다면 조용히 놓아두는 일이다.

3치 4씨가 있는 여인들

고흥 금장교회에 가 있는데, 나를 데리러 오겠다고 전주 김 사모에게서 전화가 온다. 외나로도 갑숙 님 부부, 김 사모님 부부가 주일 오후 금장교회에 오시겠다고.

다음 날, 그들 맞을 준비하고 있는데, 김 사모가 다시 전화한다. 그날은 주일이라 모두 오후 시간밖에 없는데, 금장교회까지는 시간 많이 걸리니까, 시간 절약으로 중간 지점인 고흥 인터체인지에서 모두 모이자는 갑숙 님의 제안이라고. 정식 만남은 다음으로 하고.

금장교회 목사님 부부가 오후 심방 마치고 나를 싣고 약속 장소로 가니, 겨울날 오후 5시.

갑숙 님, 김 사모님 부부는 먼저 오셔서 그곳 제과점에서 만남의 기쁨을 나누고. 저녁은 근처 식당에서 해결하자고 하면서 대화하는데, 모두 갈 길은 멀고 밖은 어두워지고… 언제 어디 가서 저녁 먹고, 밤길에 저 먼 내 행선지(전주)로 가야 하나, 반가움 뒤에 엷은 불안이 스며들기도 하는 때, 전주 김 사모가 현명한 단안을 내린다.

"우리 모두 갈 길이 머니, 저녁은 생략하고, 지금 헤어지는 게 좋겠어요. 다음에 금장교회에서 만나 얘기 많이 나누기로 하고." 명쾌하고 현명한 결단이다.

갑숙 님은 그날 모임을, 중간 지점인 고흥 인터체인지에서 만나 시간 절약하자고 제안하고, 김 사모는 어둔 밤 갈 길이 먼데, 저녁 먹고 늦게 헤어지는 것보다 아쉬울 때 헤어져 다음 만남을 기약하자고 한다.

여인에게는 '3치 4씨'가 있어야 한다는 옛말이 있다.

눈치, 재치, 염치 3치와 마음씨, 말씨, 솜씨, 맵시 4씨라고 한다. 그날의 갑숙 님의 제안과 김 사모의 단안은 삶을 원만하게 운영하는 여인들의 훌륭한 재치다. 그날의 만남을 은혜롭게 마무리하고 살려 내는 선약(仙藥)이었다.

그들은 3치 4씨를 지니고 옛것과 현대를 아우르는 여인들이다.

고흥 인터체인지에서 만난 두 신사

약속 장소인 고흥 인터체인지에 오후 5시쯤, 조 목사님 부부와 내가 도착한다. 어디에선가 전주 김 사모가 뛰어나오고, 갑숙 님도 나와서 우리 일행을 반갑게 맞이한다.

조금 늦게 두 여인들의 남편이 나와서 인사하는데, 그들의 표정이 남다르다. 모양은 다르나 두 남자의 얼굴 표정에서 몇 초 동안이지만 내 마음이 평온하게 감싸진다. '몇 초 동안'이지만 그들은 내 앞에 태초의 아담 같은 모습을 보여준다. 전주 김 목사님은 앳된 소년처럼 맑은 다정다감함이 가득한 얼굴이시고, 외나로도 문 선생님은 뭐라고 말씀도 안 하시고 빙긋이 미소만 짓는데, 그 미소는 겸허함과 온화함이 가득한 미소라고나 할까.

저 아담 같은 남편들에게 저런 하와(범죄하기 이전) 같은 아내들을 주셨구나. ……그날, 고흥 인터체인지에서 본 두 남자. 갑숙 님, 김 사모의 남편은 내 존재의 '근원적 떨림'을 감싸 주는, 무한한 온화함을 지닌 정신적이고 영적인 신사들이었다.

사람의 매력은 15분 동안이다

다음은 어느 독자가 보내 준 '샤를르 드 푸코'의 「나는 배웠네」 글 중의 일부이다.

> 우리의 매력이라는 것은 15분을 넘지 못하고
> 그다음은 서로를 알아가는 것이 더 중요함을…

섣달 그믐날, 삼송리 친구 집에 갔다. 처음 방문 때, 내 감탄을 연발하게 하던 그 환상적인 커튼은 잠잠하다. 처음 볼 때는 그렇게도 환상적이더니, 이제는 보통 커튼이 되어 있다. 푸코의 말처럼 사람의 매력이 15분을 넘지 못한다는데, 하물며 커튼이랴. 사람 매력 15분이 지나면 다음은 그 사람을 알아가는 것이 더 중요함을 배운다고 한다.

삼송리 친구는 처음 만났을 때나 지금이나 나를 끌어간다. 내가 모르는 부분이 많다. 나와 다르다. 이제 나와 다른 친구의 내면을 알아가는 게 중요하다. 친구의 내면을 알아가는 게 '15분 매력'에 비할 것인가.

그 무서운 항암 어떻게 견뎠어

설 명절을 앞두고 오랫동안, 한 번도 전화하지 못한 암 투병 중인 친구에게 전화한다. 죄인이 된 심정으로 말을 더듬는 내게 친구는 말한다. “12월 말로 항암 치료는 다 끝났어.” “…그 무서운 항암 어떻게 견뎠어….”

거반 울면서 묻는, 물음도 아니고 그냥 흐느낌인 내 말에 친구는 쉽게도 대답한다. “너를 생각하면서 참았다….”

그 뒤, 내가 무슨 말하고 전화를 끊었는지 생각도 안 난다. 아무런 도움도 못 주는 친구인 나, 그런 나를 생각하고 참았다는 말에 두려운 죄책감이 엄습해서 내 사고가 정지된 것. 그러나 친구는 아주 선량하고 사랑이 많아, 사귀는 친구들 모두를 다 사랑한다. 내가 전화하니까 너, 라고 했을 뿐… 그는 친구들 모두에게 ‘너를 생각하면서 참았다’고 할 고결한 사람이다. 어쨌든 이 한마디가 내 신앙 양심을 후벼 판다. 그러다가 생각한다.

‘기도할 수 있는데, 왜 걱정하시나요?’ 잊지 않고 기도하려고 친구 이름 써서 눈에 잘 띄는 벽에 붙여놓았다.

선생님 옷이 얇아요

지방 어느 독자 집에서 1박하고 그가 일찍 출근하는 시간에 맞춰 일어난다. 한겨울 새벽 5시. 간단히 아침 들고 그의 차에 오른다. 한 시간쯤 달려서 그의 직장 가까운 열차 역에 도착. 아침 6시 반. 서울행 내 열차표 사러 역사 앞으로 가니, 문이 닫혀 있다. 독자 직장 근처로 간다. 그와 나는 차 속에서 그의 출근 시간을 기다린다. 그가 말한다.

"선생님 옷이 얇네요. 이거 벗어 드릴게요." 그가 입은 반코트는 속에 털 달린 보온 좋은 고급 옷. 내가 거절한다. "집에 두꺼운 옷도 있어요. 가벼우니까 이걸 입고 다녀요."

7시가 되자, 독자는 직장으로 들어가고 나는 차 속에 앉아서 소운 선생의 '외투'를 생각한다. '영하 40 몇 도의 북만(北滿)으로 돌아간다는 청마(유치환 시인)가 외투 한 벌 없는 맨 저고리 바람이다….' 소운 선생은 청마에게 입혀 보낼 오버가 없자, 당시 동경에서도 몇 개 안 되는 자기 최고급 만년필을 청마에게 준다.

독자가 잠시 나와서 나를 근처 역까지 데려다주고 간다.

리더는 희망을 나른다

오래전에 LA에 큰 지진이 났을 때, LA 어느 교회 교인들이 그 교회 목사님 댁으로 모였다. 그 목사님 댁에는 하나님이 지진 안 일어나게 하실 걸로 믿고. 그들이 잘했느냐 못 했느냐를 떠나서, 그렇게 양들은 목자를 따른다.

다윗도 양 치는 목자였다. 그는 양을 치면서 사자나 늑대 입에서 양들을 꺼냈다. 내 영혼을 맡기고 따라갈 선한 목자가 진실로 필요한 시대다.

"리더는 희망을 나른다"는 말이 있다. 내 영혼이 지진을 만나는 시대인데, 어떤 영적 리더(목자)를 따라가야 하나.

현대인들이 많이 보는 성구(로마서 12:1~2, 빌립보서 4:6~7, 예레미야 29:11) 중 하나를 옮긴다.

"여호와의 말씀이니라 너희를 향한 나의 생각을 내가 아나니 평안이요 재앙이 아니니라 너희에게 미래와 희망을 주는 것이니라"(예레미야 29:11).

미래와 희망을 주는 주님을, 나는 따라간다.

리시안셔스 꽃

"여러 꽃들 속 / 무향의 진보라색 / 나는 항상 두근거린다 // 너를 한 아름 안고 어느 푸른 들판 / 보드라운 흙 위에 한없이 앉아 있고 싶다 // 오는 길에 주고픈 고운 사람 / 만나면 안겨 주고 싶다"

꽃을 사랑하는 박순례 님의 시 「리시안셔스 꽃」이다.

그는 내 마음의 이야기를 했을 뿐이라고 한다. 내 마음의 깊은 이야기가 시가 되기도 한다. 나도 꽃을 보면 두근거린다. 울고 싶어질 때도 있고. 지나친 감상이라고 해도 좋다. 주님은 온갖 부귀를 다 가진 솔로몬이 입은 옷도 이 꽃 하나만 못하다고 하셨다.

"내가 너희에게 말하노니 솔로몬의 모든 영광으로도 입은 것이 이 꽃 하나만 같지 못하였느니라 오늘 있다가 내일 아궁이에 던져지는 들풀도 하나님이 이렇게 입히시거든 하물며 너희일까 보냐 믿음이 작은 자들아"(마태복음 6:29~30).

6월의 선물

코로나로 2, 3, 4, 5월을 날려 보내고 6월 첫날. 미세먼지도 좋음. 친지의 산 밑 주말농장에 가서 앉았다 오려고 그를 만났다. 친지는 산 밑 농장엔 갈 수 없다, 작년 겨울 너무 따뜻해서 송충이 천지라 앉을 데가 없다고 한다.

하나님이 말리시면 이 땅에 앉아서 숨 쉴 자리 하나 없겠구나…. 우리는 한적한 음식점으로 들어간다. 유명 셰프가 경영하는 곳. 천장이 아주 높고 그 천장에 나무로 된 기하학적 장식이 공기를 정화시키는지 상쾌하다. 넓은 음식점엔 사람도 드문드문. 그는 이런 곳에서 내게 대접하고 싶었다고. 점심 후, 그가 끓여 온 연잎차를 마시는데 그의 따님이 전화한다. 위가 아파서 지금 링거 맞으러 가야 하니, 병원 예약하라고. 예약하고 우리는 곧 일어난다. 재원 따님은 이 나라 굴지 회사의 아이디어 팀. 대학원 공부도 하는데 위경련으로 응급실에 간 적도 있고…. 재원 딸을 병원에 데려가려고 일어나는 그가 부럽다. 인재 키우는 것보다 더 큰 즐거움이 있을까. 선한 부러움은 그가 내게 준 6월의 선물이다.

3부

우리 영감 오기 전에

우리 영감 오기 전에

어느 친지가 강원도 시골 지인 집에 가서 얻은 곡식이라고, 그걸 내게 조금씩 나눠 준다. 이름은 잊었지만 무슨 해콩, 금방 방앗간에서 찧었다는 수수, 햅쌀이 든 조그만 봉지들이다. 친구는 그 곡식들을 내게 나눠 주면서 이렇게 우습게 말한다. "…이 수수, 금방 방앗간에서 막 찧어 온 거라 고소한 냄새가 그대로 있어요. 콩도 마당에 널려 있는 걸 막 퍼 담아 주고. 그러면서 뭐라고 한 줄 아세요. '우리 영감 오기 전에 얼른얼른!' 하면서 막 퍼 담아요. 뭘 주려면 언제나 '우리 영감 오기 전에 얼른얼른!' 얼마나 우스운지."

나도 웃으면서 생각한다,

이 곡식들은 친지 지인이 '영감 몰래' 준 것. '영감 몰래'가 마음에 걸린다. 이렇게 사는 이 땅의 아내들이 안쓰러워서. 남편에게 속이면서까지 뭘 주려고 하는 마음이 안쓰럽다는 것. 언제나 이 땅 아내들이 맘 놓고, 남편 알게 당당하게 누구에게 뭘 줄 수 있을까. …생명의 어미인 아내를 어미 아닌 남편이 이해하기란 참으로 어려운 일인가.

누가 해 준 이야기

누가 생선 가게에 가서, 이 생선이 중국산이냐고 물었다.

그러자 생선 장수 아주머니가 이렇게 대답했단다.

"다 같은 서해 바다에서 잡은 생선인데, 한국 사람이 잡으면 한국산이고 중국 사람이 잡으면 중국산이지…."

그게 무슨 큰 차이가 있다고 따지느냐고 반문하더란다.

참 재치 있는 말같이 들리고 얼핏 들으면 그럴듯도 한 말이다. 그러나 이 그럴듯한 말을 조심해야 한다. 같은 바다에서 잡은 고기라도 저장 방법, 유통 과정에 이르기까지, 생선 한 마리가 시장에 나오기까지의 과정이 중요하다.

중국 사람이 잡아서 내놓는 생선에는 중국 사람의 생선 다루는 방법, 인격이 담겨지고, 한국 사람이 잡은 생선에는 한국인의 생선 관리 방법, 인격이 담긴다. 시장에 나오는 생선 한 마리에도 그 나라 사람들의 수준이, 인격이 담겨져 있다. 생선뿐일까? 그 나라 사람들의 말 한마디에도 그 나라의 문화, 전통이 녹아 있다. 그렇듯이 예수님 믿는 내 말, 삶 하나하나는 하나님이 어떤 분이신가, 다 보여 주고 있다.

흔한 것에도 마음이 담기면 귀한 것이 된다

조그만 선물 들고 나는 아침 일찍 박 선생에게 간다. 데크(deck) 위 조그만 꽃밭은 그물로 덮여 있다. 그물 걷으려고 나오는 박 선생이 나를 본다. 몹시 놀란다. “지금 선생님 생각하고 있었는데… 오늘쯤 전화 드리려고 했는데, 어쩌면 그렇게 내 맘이 통했을까요.” 그가 그물을 걷고 집안 꽃들을 데크로 내가고, 꽃들에게 물 주고, 꽃받침대도 닦는다.

나는 그새를 못 참고 조른다. “이거(선물) 좀 봐요, 이거 좀 봐요.” “선생님 이것만 하고요, 이것만 하고요.”

가게 문도 열기 전에 와서 선물 봐 달라고 조르는 내 무례함, 치졸함이 실례라는 생각 전혀 안 든다. 실례는 ‘마음의 거리’가 있는 사람 사이에서 하는 말.

드디어 그가 선물 상자를 연다. 폭소를 터뜨린다.

“두고두고 선생님 생각하면서 쓸게요.”

선물이라고 할 수도 없을 정도로 작고 흔한 것. 흔한 것에도 마음이 담기면 귀한 것이 된다.

미소는 최고의 상술(商術)인가

박 선생에게 작은 선물 하나 드리려고 설렘 가득한 맘으로 간다. 누구를 봐도 즐겁다. 누구에게 이 즐거움 나눠 주고 싶다. 가만있어도 즐거움이 넘쳐서 지나가는 사람, 도로변의 꽃으로도 흘러가는데, 인테리어 가게 앞이다.

한 청년이 마스크를 하고 계단에 앉아서 쇠 절구에 뭘 빻고 있다. "뭘 빻아요?" "깻묵이요." "화초에 주려고요?"

"낚싯밥으로 쓸려고요." "…청년 미소가 참 좋아요."

마스크 썼는데, 그의 눈이 선하게 웃고 있다.

박 선생에게 가지고 간 선물 드리고, 깻묵 빻던 미소 청년 얘기도 나눈다. 그 미소 값으로 우리 거실 한쪽만이라도 블라인드 할까 하는 생각도 했다고 하고… 박 선생도 꽃집 유리문이 서향(西向)이라 암막을 쳐야 한다고 해서, 우리는 곧 일어나 그 미소 청년 인테리어 가게로 간다.

박 선생은 암막 주문하고 나는 집으로 가면서 생각한다. 오늘 아침 청년의 미소가 박 선생이라는 고객을 만나게 하는구나. 친절한 미소는 최고의 상술도 되는 것이로구나.

사랑의 반대는 미움이 아니다

"사랑의 반대는 공포다."

사랑의 반대는 미움이나 증오가 아니고, 공포라고 한다.

나는 젊어서도 가슴을 잘 떨었다. 누구 만나러 갈 때, 더 떨렸다. 소설가가 되어(36세), 시인 친구와 같이 작가들을 만나고 오면 가슴이 심하게 떨렸다. 걷잡을 수 없이.

지금도 그 증상은 여전해서 작가들 아무도 안 만난다.

그때, 젊은 날. 외출하고 와서 무섭게 뛰는 가슴 진정하는 방법이 오직 하나 있다. 남편 등에 가슴을 대고 한참 있으면 진정된다. '아하 그게 두려움 없는 사랑이었구나.'

이제야 깨닫는다. 그때는 상한 심령을 주님께 아뢰지 못하고 남편 등에(사랑에) 기댔다. 지금은 주님께 전적으로 의지하니까 남편 등에 안 기댄다. '사랑의 반대는 공포.'

그때나 지금이나 남편은 내게 공포나 두려움 없는 사랑이다. "사랑 안에 두려움이 없고 온전한 사랑이 두려움을 내쫓나니 두려움에는 형벌이 있음이라 두려워하는 자는 사랑 안에서 온전히 이루지 못하였느니라"(요한1서 4:18).

억지로라도 좋은 말 하고 나면

인터넷에서 들은 어느 목사님의 말씀이다.

"미운 말, 거친 말, 무례한 말 하고 나면 우리 인격 영혼에 금이 갑니다… 참 이상한 일이지요. 정당한 분노를 토했는데도 내면의 어떤 본질들에 나쁜 물이 든 것 같고 우그러지는 것 같고. 억지로라도 좋은 말 하고 나면 어떤 장애, 함정에서 벗어난 것 같아집니다."

'억지로라도 좋은 말 하고 나면 어떤 장애, 함정에서 벗어난 것 같아집니다.'

그러므로 옳은 일이라도 함부로 분노해서 남을 질책하는 행위는 조심하고 삼가야 한다고.

여기에서 '억지로라도'가 중요하다. 우리가 웃기 싫어서 '억지로' 웃는 웃음에도 우리 뇌는 진짜로 감지하고 반응한다고 한다. 억지로라도 좋은 말 하는 건, 억지로라도 좋은 마음 만드는 일. 그러나 사람 마음을 사람이 어찌 고치고 만들겠는가. 주님께 간구해서 은혜를, 도우심을 받아야 한다.

너무 늦었다

올봄, 버리려고 날 받아 놓은 해피트리가 한 그루 있다. 한 6~7년을 실내에서 지내니, 싱싱하지도 않고 진딧물만 낀다. 진딧물이 자꾸 생겨서 잎을 모조리 다 따 버렸다.

몇 가지에서 새잎이 나오더니, 새잎에도 진드기가 내린다. 안 되겠다, 버려야지 하고 있는데, 녹황색 꽃 한 송이가 탐스럽게 피었다. 그걸 보자마자 내 입에서 나온 말 "너무 늦었다." 내일 모레 버리려는데, 그 꽃 한 송이 보고 거실에 둘 수는 없다. 아무리 생각해도 너무 늦게 핀 꽃이다.

옆에 있는 행운목은 키가 천장 닿을 듯해서 우듬지를 잘랐더니, 그 자리에서 꽃봉오리가 올라온다. 잘라서 물에 담가 놓은 가지 끝에는 새하얀 뿌리가 나오고. 실내에서도 잘 자라는 행운목이다. 그러나 실내에서 키우는 나무는 보통 오래되면 노쇠해서 거의 다 버리게 된다. 사람도 노쇠하면 버림받는다. 어느 대학교 학생들의 부모 기대 수명은 63세. 작년 65세에서 올해는 2년 줄었다고 한다. 늙고 병들고 비참해지면 받아 줄 사람 하나도 없다. 주님밖에는.

해서는 안 되는 대화법

어느 목사님이 대화 예법에 관해서 하신 말씀을 여기에 옮긴다. 특히 한국 사람들이 배워야 할 대화법이라고 한다.

두 친구가 만났다. 한 친구가 말한다.
"나 어제 영화 봤는데, 얼마나 슬픈지 펑펑 울었다."
그 영화 먼저 본 친구가 말한다.
"난 하나도 안 슬프던데."

남이 슬펐다는데, 자기는 안 슬펐다고 그렇게 말하다니, 어디! 그런 예법이 있습니까?
"그래, 그랬구나. 어디가 가장 슬펐어?"
그렇게 말해서 그쪽의 처지를 풀어 주면서 이해와 자유의 시간을 주어야 합니다,
자기는 안 슬프다고 친구의 말을 튕기는 사람. 그 사람은 한 번도 다른 사람에게서 위로와 공감을 못 받아서, 그 맘이 딱딱해져서 그렇게 튕겨 나갑니다.

> 이건 윤리 도덕같이, 신앙 강요해서는 답이 도무지 안 나와요. 예수 안에서 이 부분이 제대로 녹아내려야! …정말 우리가 은혜를 받아야 합니다.

참으로 사랑이 있는 대화를 하려면 내 자아가 먼저 은혜를 받아서 예수님 사랑으로 녹아져야 한다고 한다.

친구가 영화 보고 슬퍼서 펑펑 울었다고 하는데, '난 하나도 안 슬프던데' 하면서 대화를 단절시키는 건 아주 무례한 대화법이라고.

'그래, 그랬구나, 어디가 가장 슬펐어?' 하고,

'그쪽의 처지를 풀어 주면서 이해와 자유의 시간을 주어야 한다'고. 반복해서 들어도 새롭기만 한 말씀이다.

백발은 대접받아야 한다

어제, 저녁 준비하러 주방으로 가니, 낮 설거지가 그대로다. 점심은 모처럼 불고기 상추쌈이어서 설거짓감이 수북하다. 낮 설거지 내가 안 해 놓고 내가 못마땅한 마음으로 설거지한다. '동생 말마따나 남편에게 너무 잘해서 남편이 집안일 안 거드는가.' 저녁만 차려 놓고 그냥 들어가야지 하면서 남편을 보니 졸고 있다. 졸고 있는 백발의 남편이 측은해 보인다. 어린아이 같고, 한없이 약해 보인다.

백발 그 하나로도 남편은 대접받아야 한다. 장보기 해 주는 남편에게 설거지까지 요구하다니… 나는 크게 반성하고, 남편에게 즐겁게 말을 건넨다.

"여보, 집 안에 오래 같이 있으니 우리 무슨 놀이라도 해 볼까, 윷놀이든지 '쌍육치기'를 하든지, 저 방에 있는 안 쓰는 큰 상 두 개 갖다가 놓고 미니 탁구를 치든지."

"별소릴 다 하네."

흐뭇해하는 남편 목소리에 나도 흐뭇해진다.

언니 목소리는 낭랑 18세

오늘 아침 동생과 통화하고 끝내려는데, 동생이 이런 말을 한다(내가 아프다고 하니까).

"…목소리는 낭랑(朗朗) 18세네. 아니 다른 사람들이 말 안 하든가, 목소리 낭랑하다고?"

"형부 친구들이 전화 받으면 딸이냐고 하더라만, 낙랑 18세라고는 안 하더라."

나는 동생이 말한 낭랑 18세를 낙랑(樂浪) 공주의 낙랑으로 잘못 알아듣고, 생각할수록 웃음이 쏟아져서(내가 낙랑 공주 목소리라고?) 남편에게 얘기한다.

"…그 앤 참 웃긴다니까. 나더러 낙랑 18세라고 하네요. 적국 호동왕자를 사랑한 그 어느 나라더라. 그 공주가 낙랑 18세 공주지요?"

"이모(애들 이모)가 말한 낭랑은 고조선 시대 한사군 낙랑은 아닐 거야. 맑고 명랑한 목소리를 말한 것이지. 사전 찾아봐, 인터넷에 들어가 보든지."

국어사전을 찾아보니, 동생이 말한 낭랑은 낙랑 공주의

낙랑과는 다르다. 18세 낙랑 공주로 착각하고 좋아한(?) 나는 한참 웃다가 동생에게 전화한다. 문자보다는 육성으로 전하는 게 실감이 나서.

“넌 참 사람 웃기는 재능이 있다. 그래서 오빠가 너를 그렇게 예뻐하고 사람들이 널 좋아하지. 네가 가진 큰 재산이다. 감사해라. 나도 ‘낭랑 18세’ 때문에 한바탕 웃고 났더니 정신이 맑아진다.”

동생이 질세라 곧 말을 받는다.

“내가 어디 부족한 데가 있어서 사람들이 좋아하는 것 아닌가… 그 말(낭랑 18세)에 그렇게 웃는 언니가 마음이 맑아서 그렇지. 목소리만 낭랑 18세가 아니라 마음도 낭랑 18세네.”

“그러냐, 그러냐. 너를 참 못 당하겠구나.”

동생의 말에 내 마음도 낭랑 18세가 된다.

백일홍나무는 왜 오그라들었는가

내 새 수필집(41집) 표지 시안(試案) 6점을 들고 아파트 구내를 빠져나가는데, 매화가 만발이다. 두 달 가까이 두문불출했더니, 바깥이 많이 변했다. 가장 변한 건 아파트 정원의 목백일홍이다. 5~6년 전 어느 주민이 선물했다는데, 사온 가격이 2천만 원(?). 지상으로 흙을 돋우고 겨울에는 지푸라기로 옷을 만들어 입히고, 관리에 온 정성을 쏟았다.

오늘 보니, 그 백일홍 나무가 작게 오그라들었다. 옮겨 심은 뒤부터 나무는 적응하지 못하고 꽃도 듬성듬성 피더니, 이제 병이 들었나. 아직 싹 날 시기는 아니어서 알 수는 없지만 뼈가 마른 듯, 작아진 백일홍 나무는 충격이다.

큰 나무가 아파트 지하 주차장 위에 심어지면 뿌리가 맘대로 뻗을 수 없다. 사람 욕심이 좋은 나무 한 그루 버린 건 아닌가. …어머니는 밭에 가서 죽어 가는 채소나 곡식이 있으면 말씀했다. "저건 오갈병 들었다."

오갈병은 나무나 채소에게만 아니고, 사람 영혼에도 온다. 백신은 오직 사랑이신 예수님이다.

무심한 내 눈짓 하나에도

그제, 내 책 표지 꽃 사진작가 이 선생님께 사례금 보내면서 문자 보냈다. 전화하기가 어쩐지 어색해서.

늘 아름다운 표지 사진 주시는데, 20여 년 동안 같은 사례금만 보내니 면목 없기도 하고, 그분이 어쩐지 어렵기도 해서… 다른 때는 문자에 인사말도 덧붙였는데 그제는 생략하고 용건만(내 인사말도 변명으로 보일까 봐).

그 뒤, 내내 마음이 편치 않다. 내 맘이 편치 못하고 좀 굳어 있는 상태가 그 문자 글에 담겼기 때문이다. 곧 후회가 되고, 그 후회는 다음 날까지 이어진다. 해명해야지 하나, 말로는 다 해명할 수도 없고… 내 맘이 이런데, 내 문자 받은 이 선생님도 언짢으셨을 것. 다른 때는 내 문자에 전화로 답하시는데, 그제는 문자만. 내 굳은 마음 상태를 짐작하신 듯. …어떤 이유로든 상대 마음을 불편하게 하는 건 사랑이 아니다. 사랑이신 주님이 싫어하신다. 내 말, 내 문자, 내 표정, 눈짓 하나에도 내 마음이 담겨 상대방 마음에 다 전해진다.

아기 쑥 두 봉지

경남 울주(현주 님)에서 새싹같이 연한 봄나물 한 박스가 택배로 왔다. 아기 쑥 두 봉지, 한 봉지는 이웃 영순 님이 넣으신 것 같고. 연한 원추리와 어린 머위, '하루나'라고 하는 유채, 쪽파 다듬어서 한 줌 등, 금방 캔 어린 봄나물을 차분차분하게 많이도 담아서 보냈다. 갓 시집가서 살림 못 하는 막내딸에게 보내듯이… 나는 시골 들판에서 채소 봄나물 속에서 자랐지만 이렇게 어린 채소나 봄나물은 처음 본다. 현주 님에게 나는 드린 게 없는데, 그는 날 언니라고 하면서, 이리도 귀한 걸, 이리도 정성 들여 많이도 주시는가! …이 귀한 봄나물 누구에게 드리면서 자랑하고 싶은데, 코로나로 아무도 못 만나니, 나눌 사람도 없다. 나눌 사람이 없다는 것은 막막하게 한다.

좋은 것 나 혼자만 두고 먹으니, 내 이기심만 채우는 것 같아 두렵기도 하고. 내 속에서 싸우고 있는 탐심(貪心)과 선심(善心) 중, 탐심만 키우는 것 같다.

금산죽을 버리고 와서

봄이 되어 화분도 헌 옷도 버리고 집안을 정리한다.

가장 큰 문제는 죽어 가는 금산죽 버리는 일. 사람 태어나는 일보다 사람 죽는 일이 더 힘들듯, 나무 한 그루 사들이는 일보다 버리는 게 더 어렵다.

금산죽은 친구 백 선생이 선물한 것. 진딧물이 끼어도 약을 안 쓰고 손으로 다 잡았다. 그 뒤, 진딧물 없이 잘 자라더니, 작년부터 잎끝이 갈색으로 변하면서 말라 간다. 살릴 방법이 없어서 죽어 가는 나뭇가지를 잘라 내서 버리고, 빈 화분 보관소까지 운반한다.

화분 보관소에 두고(버리고) 오는데 발걸음이 잘 안 떨어진다. 정든 화분 하나 버리는 데도 속이 안 좋고 이리 힘이 드는데, 정든 사람 하나 세상 떠나보내려면 얼마나 힘이 들까.

사람은 나무같이 죽어서 무(無)로 돌아가는 것도 아니고 반드시 심판이 있는데. 영원히 사는 길과 영원히 죽는 길로 갈라지는데. …영원히 사는 길을 아는 내가, 영원히 사는 영생 길 가도록 도와줘야 한다.

진딧물과의 싸움

이사 와서 산 해피트리. 한 예닐곱 그루 사서 거실에 작은 숲을 만들었다. 해피트리 잎에는 진딧물이 잘 내린다.

진딧물과 싸우다가 몇 그루 죽고 두 그루만 남았다. 베란다에 내놓은 해피트리는 면역력이 강해졌나, 진딧물도 안 끼고 잘 자란다. 거실 해피트리는 7~8년 간 진딧물 잡아도, 잡아도 생겨 잎사귀를 모조리 따 버렸다. 새잎 나면 진딧물 안 내릴까 했더니, 연한 이파리 뒤에 벌써 진딧물이 내렸다. 안 되겠다, 버리려는데 문제가 있다. 나무둥치가 얼마나 굵어졌는지 종량제 봉투에 넣으려고 톱으로 여러 도막을 냈다.

진딧물도 병균도 바이러스도 무섭다. 지금 코로나19 바이러스 공포 앞에서도 인간은 무력해진다. 그런데 이 세상을, 공포, 죽음을 이기신 분 예수님이 있다. 인성과 신성을 가지신 예수님이 말씀하신다. "너희가 환란을 당하나 담대하라 내가 세상을 이기었노라"(요한복음 16:33).

죽음 이기는 장사 없다고 하나, 예수님은 죽음 이기고 무덤에서 부활하셨다. 다시 살아나셨다.

보리수 그늘 아래

보리수나무는 청정 지역에서 산다. 이파리가 동글동글하고 색이 신비하게 청청한 푸른색이다. 현대 미술관 앞 쉼터에는 곧게 잘 자라, 잘생긴 우람한 보리수들이 울창한 그늘을 만들어 준다. 그 보리수 아래 앉아서 소설가 친구와 커피를 마시곤 했다.

내가 안산(아파트 재건축으로 잠시 산 곳)에서 살 때, 버스 서너 정거장 걸어가면 대형 채소 유통 센터가 있다. 거기까지 가는 도중에 아름다운 보리수 길이 있다. 나는 그 길을 버스 타고 지나가기가 아까워서 걸어 다녔다. 유통 센터에서 채소를 염가로 사서 들거나 이고, 보리수나무 가로수 길을 걷노라면, 내 서정과 실리(實利) 둘 다 챙길 수 있어서 좋았다.

어느 해 초겨울, 알타리무를 싸게 사서 머리에 이고, 버스 서너 정거장을 걸어서 왔다. 그 보리수가 서 있는 가로수 길을 걸어서. 그때가 얼마나 행복했는지… 보리수 그늘 아래서는 무한 청정한 생각밖에는 할 수가 없다.

내 인생에 즐거운 한때도 있었지

어느 친구(77세)와 전화 통화한다. 친구는 몹시, 아주 많이 아프다. 하루하루 사는 게 고역이라고 한다. 그 친구가 하는 말을 나는 경건하게 듣고만 있다.

"…어제는, 허리는 아프고 속은 쓰리고 배가 아파서 누웠어요. 그럴 때 좀 누우면 나으니까. 누워서 그랬어요. 하나님 이 아프고 쓰린 데 좀 만져 주세요. 저는 인생으로서 하루 살기가 너무 힘듭니다. 전 이대로 주님 앞에 가도 아무 아쉬운 게 없어요. …여한이 없이 죽는다고 생각하면서, 내 생애 가운데 기뻤던 일이 있었을까… 당신과 만남은 하나님이 만나게 해 주신 만남이었지요… 사람은 신비가 있어야 떨림이 있는데, 당신이라는 사람 만나서 떨고 설레고 또 만나고 싶고, 그런 때도 있었구나. 그러면 된 거지.

당신하고 언젠가 김밥 도시락을 두 개 사 가지고 현대 미술관에 갔는데, 휴관이라 수리 중이던가. 잔디밭 나무 의자에 앉아서 김밥 나눠 먹던 시절이 참 좋았지. 그런 기쁜 때도 있었구나… 미술관 넓은 푸른 잔디밭에 우리만 앉아 있을 때, 그때가 참 기쁘고 즐거웠구나… 내 인생에서 당신 만난 건 참 축복이었구나… 그날 미술관 휴관이라 그림을 못 본 건 다행이에요. 아니면 그림 보느라고 분산(分散)했을 텐데….”

“그럼 우리 한번 또 가요 미술관에. 도시락 싸 가지고.”

“이제는 갈 몸도 아니고 설렘도 없고….”

나도 뒤돌아보니, 그 친구와 같이 미술관 푸른 잔디밭 나무 의자에 앉아서 도시락 먹으면서 마냥 설레고 기뻤던 시간이, 그 어느 때에도 못 가져 본 즐거운 시간이었다.

그런데 주님은 우리에게 그런 시간을 왜 한 번만 주시는가. 이제 친구는 미술관에 갈 몸도 아니고 설렘도 없게 하시는가? 인생이 한 번이듯이 이 세상에서 극상의 삶은 한 번만 살라고 하시는가. …그러나 나는 친구와 같이 미술관에 다시 가기를 기대한다. 그의 몸이 살아나고, 설렘도 살아나기를. 주님, 주님 도우심이 절대 필요합니다.

지금도 사람에게 설렘이 있나요?

몸이 몹시, 아주 많이 아픈 친구의 전화다. 그는 내게도 전화 잘 안 하는 친구다. 그는 전화 중, 무슨 얘기하다가 단도직입적으로 진지하게 내게 묻는다.

"당신은 지금도 사람에게 설렘이 있어요?"

"예에 있어요. 어제 만난 사람을 또 만나도 설레고, 택배 아저씨를 봐도 설레고, 그래요."

"나는 사람에게 설렘이 없어요. 그러니까 사람 만나기가 싫고 사는 게 재미가 없지요."

"당신은 정확하게 상대를 알고, 내면까지 정확하게 꿰뚫어 보는데 무슨 설렘이 있겠어요? 그리고 당신은 특별하게 우수한 인성을 많이 가져서 그래요. 그런 당신이 누구를 봐야 설레겠어요. 누구를 봐도 다 아는데 안 설레지. 나는 상대가 어느 한 부분만 좋으면 그것에 가려서 다른 건 잘 안 보여요. 모르니까 떨지요. 당하고 깨져야 조금 보여요. 어리석고 우둔하지요."

"아니요. 당신은 사랑과 긍휼이 넘쳐서 그래요. 그런 마음으로 사람을 보기에 설레지요."

"아니요. 제가 부족하고 못하는 게 많아서 그래요. 내가 부족하니까, 남이 부족하고 못 하는 것도 이해가 되고, 그리고 사람을 만나 보니, 나보다 다 뛰어나더라고요."

언젠가 친구는 내 생명이 연구 과제라고 한다. 나는 친구가 연구 과제다. 어쩌면 그렇게 하나님께로만 평생을 온전히 갈 수가 있나? 신비로울 뿐이다. 은혜라고 생각한다.

설렘이 없어서 사는 재미가 없다는 친구에게 내 설렘이라도 드리고 싶다. 그러다가 아니다, 친구는 사람에 대한 설렘이 없으므로 사람에게 기대거나 의지하지도 않고 오로지 주님만 의뢰한다. 어느 것이 낫고 못하고는 없다. 우리는 주님이 지으신 대로 살아가면 된다.

내 인생의 절정은 어느 때인가

한 친구가 내 수필(41집) 「그때가 내 절정이다」를 읽고 자기 인생의 절정을 생각해 보았다고 한다. 세 가지로 요약하는데, 첫 번째는 기도하는 중에 만난 주님이다.

"…예수님이 제물이 된 번제단 앞에서 내가 무릎 꿇고 침묵하면서… 주님이 쏟아 주시는 사랑에 감싸일 때, 그때가 내 절정이었어요."

두 번째는 내(기일혜) 고향 집에 갔을 때, 내 어머니가 마당 빨랫줄에서 빨래 걷다가 넘어져서 못 걷고 있을 때, 나와 동행한 그 친구가 내 어머니 앞에서 기도할 때라고 한다.

"주님! 이 자리에 주님의 임재가 필요합니다. 조용히 기도할 때, 한 영혼을 위해 간절히 기도할 때, 주님은 외면 안 하시지요… 주님이 곧 보여 주셨지요. 그때, 어머니가 방언하셨어요."

"예에 일본어 방언, 너무 크고 유창해서 옆에 있던 아버지가 놀라서 안방으로 들어가서 재봉침 있는 구석에 웅크리고 앉아 계시더라구요."

세 번째는 강릉 어느 병원에서 아들 시체를 붙들고 울고 있는 어머니에게 다가간 일.

"죽어서 냉동 시체실에 있는 아들 붙들고 어머니가 우는데… '얼마나 춥노! 춥지? 엄마가 곧 해결힌다!'(이들은 억울하게 사망. 그 문제가 해결되기까지 냉동 시체실에 보관)… 그런데 어떻게 그냥 지나가겠어요. 그 어머니와 같이 기도하면서 복음 전했지요. 그 어머니는 복음(예수님)을 큰 소리로 받아들였어요."

"당신 절정은 다 기도하는 시간이었네요. 나는 삶 속에서 절정이 일어나는 것 같아요."

"…당신의 글「그때가 내 절정이다」를 읽고 사람들은 한 번씩 생각해 볼 거요. 내 인생에서 절정은 어느 때였는가 하고."

인생에서 절정은 예수님 만나는 때라고 나는 생각한다.

예수님을 만나서 거듭나는 때. 죄와 사망에서 자유함을 얻고 영생을 얻는 때.

친구는 이런 말도 한다. "이번 코로나에서, 사람들 보면 참 이상해요. 마스크 많이 사 두려고만 하지,

내 자녀손(子女孫)들 구원 점검은 안 하더라고요."

내가 요새 들은 사람 말 중에서 가장 선하고 복된 말씀이다.

죄책감은 더 무섭다

어느 분이 고구마 한 박스를 착불로 보냈다. 거절할 수 없는 분이라 받아 두고 조금씩 쪄서 먹었다. 글 쓰다가 고구마를 잊었다. 고구마는 자리를 안 옮기면 괜찮다고 해서 그 자리에 오래 두었다.

어느 날, 고구마 찌려고 보니 고구마가 썩은 게 많다. 추운 겨울도 아니고, 자리도 안 옮겼는데 이상하다. 아까워서 썩은 것 도려내고 쪘다. 잘라 내고 보니, 썩어 나간 고구마가 4킬로그램쯤 된다. 주신 분을 생각하니 아깝고 속상하고… 썩은 부분을 도려내려면 작은 칼로 해야 하는데 큰 칼로 화내면서 깎아 내다 그만 왼쪽 엄지손가락을 크게 벤다. 피가 나오고.

"작은 칼로 했어야지 큰 칼로 하면 돼?"

남편은 나무라면서 지혈 소독하고 약을 바른다.

불편한 손으로 저녁을 대강 마치고 방에 들어와 앉는다. 나는 왜 썩은 고구마를 도려내면서 화를 냈을까. 자원을 낭비한 죄책감으로 내가 나한테 분노한 것이다. 시커멓게 썩은 고구마 무더기. 썩혀 내버리는 게 아깝고 무섭다. 보내준 분의 성의를 생각하면 더 자책이 되고.

그러나 고구마 썩힌 것보다 더 무서운 건, 내가 나를 정죄하는 죄책감이다. 썩은 고구마에 대한 죄책감 가지고 잘라내다, 내 손만 크게 다쳤다.

사도 바울은 나도 나를 판단하지 않는다고 했다. 못된 완벽감에서 내 죄책감은 더 커져서, 결과적으로 엄지손가락 다치는 사고를 내고 만 것이다.

"너희에게나 다른 사람에게나 판단 받는 것이 내게는 매우 작은 일이라 나도 나를 판단하지 아니하노니 내가 자책할 아무것도 깨닫지 못하나 이로 말미암아 의롭다 함을 얻지 못하노라 다만 나를 심판하실 이는 주시니라"(고린도전서 4:3~4).

선생님은 사랑이십니다

한 1년 만일까? 강 선생을 만난 지가. 그에게 책 보냈더니, 오늘 문자 편지가 온다.

"…아무것도 착한 일 한 것이 없는데도 산타 할아버지께 선물 받은 것처럼 귀한 책을 받았습니다. 제목(내 가난은 내 평안이다)부터 저를 평안하게 하는 느낌을 받았습니다. 만개한 하얀 목련이 선생님의 모습처럼 보였습니다. 주신 은혜 잘 간직하겠습니다…."

"…따뜻한 날 찾아가 같이 점심 먹고 싶습니다. 마음은 당장이라도 가고 싶지만."

'마음은 당장이라도 가고 싶지만' 이 마음을 글로 쓰고 나니, 마음이 더 살아나서 당장 달려가고 싶어진다. 안 가면 아니 될 것같이 급박해져서 그에게 전화한다.

"오늘 시간 있어요?"

강 선생은 오늘 선약이 있다면서 이런 말을 한다.

"…선생님은 사랑이십니다."

나는 잘못 들었나 하고 다시 묻는다.

"내가 사랑이라고요?" "네에."

"하나님이 사랑이시지… 내가 무슨…."

전화를 끊는다. 두려움이 엄습한다. 나는 얼마나 사랑 아닐 때가 많은 못된 사람인데… 강 선생이 그걸 모르고 있구나. 어떡하면 좋아.

오늘 아침의 내 기도

“다음 월요일 강매역에서 11시 반에 만나요.”

강 선생과 약속하고 나는 아쉬워한다. ‘모레 글피까지 어떻게 기다려. 오늘이 월요일이라면 얼마나 좋을까? …앞으로 세 밤이나 자야 월요일이구나.’ 세 밤 지나 만난다는데도 가슴이 막 뛴다. ‘…선생님은 사랑이십니다.’ 강 선생이 내게 말한 이 한마디가 내 가슴을 마구 뛰게 한다.

가슴이 너무 뛰어서, 진정시키려고 기도한다.

“주님 아직도 제 가슴을 이렇게 사정없이 뛰게 하시다니, 감사합니다. 그런데 이 가슴이 너무 터질 듯이 뛰어서 제어하기가 어렵습니다. 이러다가는 숨이 멎을 것도 같네요. 억제할 힘을 주십시오.”

기도하고, 이 떨림을 가라앉히려고 나는 한 친구에게 전화한다. 친구는 일이 바빠서 한가하게 내 떨림이나 흥분 받아 줄 수 없는 상황. 다른 친구에게 전화한다. 내가 그 친구에게 ‘선생님은 사랑이십니다’라는 말을 누군가에게서 듣고 이렇게 막 내 가슴이 뛴다고 하니, 별로 놀라지 않는다.

'당신은 사랑입니다.' 자기도 가끔 듣는 말이라고… 하나님은 사랑이시고, 그 자녀인 우리는 다 사랑인데, 그걸 뭐 그리 새삼스러워 하느냐는 듯.

그렇게, 오늘 내 가슴 뜀은 허망한 부끄러움으로 끝나고 말았다. 이렇게, 두 친구의, 내게는 다소 무심한 듯한 전화는 내 흥분을 가라앉힌다. 얼마나 싸늘하게 가라앉혔느냐 하면, 결국 월요일 강 선생과의 '강매역 만남'을 취소하기에 이른다. 친구 말 한마디에 격렬하게 설렜던 가슴이 무참해져서, 도저히 강 선생을 만나서 바라볼 수가 없게 된다. '선생님은 사랑이십니다'를 내가 과대하게 받아들인 것 같아서 더욱.

그렇다고 설렘, 흥분이 나쁘기만 하고 이성(理性)이 좋기만 하겠는가. 흥분은 일종의 정열, 나는 지금도 가슴 새파랗게 뛰는 정열의 사람. 그러므로 내게서 일어나는 어떤 감정도 다 사랑하려고 한다. 이런 감정들이 결국은 합력하여 선(善)을 이루게도 되니까.

"주님, 제가 흥분 잘하는 것, 가슴 잘 떨리는 것도 감사합니다." 이것이 내 오늘 아침의 기도다.

뭉크의 「절규」

세계적으로 유명한 그림, 에드바르트 뭉크의 「절규」. 그 그림에는 설명이 필요하다.

> "…「절규」는 왜 불후의 명작이 되었을까요? 인간이 살아가면서 두렵거나 불길한 감정, 느낄 수는 있지만 눈에 보이지 않는 공포와 불안, 절망감을 그림에 표현했기 때문입니다. 한 남자가 오슬로 에케베르그 언덕에 서서 양손으로 귀를 막고 비명을 지르는 모습을 보는 순간 본능적으로 공포심이 생겨요…."

지난번 미국 아카데미 시상식에서 본 어느 노년의 미국 감독, 그의 웃는 얼굴이 두고두고 생각난다. 우는 것도 같고 웃는 것도 같은. 한국의 봉준호 감독이 존경하는 영화감독이라고 한, 그 미국 감독. 백발이 성성한 노안에 가득한 천진한 웃음은 내 눈에 보이는 기쁨의 절정, '기쁨의 절규' 같았다고나 할까.

'가장 개인적인 것이 가장 창의적인 것이다'라고 말한 그 감독의 웃음이다. 그의 웃음엔 유년과 노년이, 품위와 천진난만함이, 때묻지 않은 예리함이 고결함과 함께 있는 웃음이다. 그것은 내게 환희의 '절규'같이 느껴진다. 아이같이 얼굴이 빨개지면서 자지러지게 우는 건지 웃는 건지 모르게, 그러나 품위 있는… 그 눈가에 어린 천진함, 맑음. 어느 노년 인생에게서도 내가 못 본 얼굴이다.

뭉크 그림 「절규」에서 인간 불안 공포의 절정을 보듯, 나는 그 노 감독 얼굴에서 한 인생의 기쁨 절정을 본다.

그 모습은 내 기억의 곳간에 쌓아 둘 보물 하나다.

문화의 차이를 넘어서

몇 년 전 일본에 가서 곤노 목사님 댁에서 1박할 때다. 하루 일이 끝나자, 차를 타고 동네 목욕탕에 간다. 그날, 곤노 목사님은 손님으로 간 우리 일행을 목욕탕으로 데리고 간다. 나는 여자 형제들하고도 욕탕에 같이 가지 않는 사람. 일본에 강사로 가서도 온천에 가면 혼자 차 속에 남아 있다. 곤노 사모님은 욕탕에 안 들어간다는 나를 이상하게 생각한다. …김 선교사님 부부는 그곳에서 20년 생활하셔서 욕탕에 들어가시고. 나는 휴게실에 앉아 있다.

나는 다른 사람들 앞에서 목욕한다는 건 예의가 아니라고 생각하는가. 관계보다 체면을 앞세우는 나쁜 습성인가. 그렇게 생겼는데 어떡하란 말인가… 곤노 목사님은 작은 예수님 같고, 사모님은 나와 닮은 점이 어느 한국 친구보다 많다(느낌). 그와 깊은 대화하고 싶어, 일본어를 배우고 싶었으니까. 일본 작가 미우라 아야코보다 더 끌리는 곤노 사모님. 그런 그가 목욕탕 못 가는 나를 이해 못 하다니… 나라가 다르고 문화, 풍속이 다르다는 것. 참 엄청난 일이다.

영화「기생충」보셨나요?

한국 영화「기생충」이 미국 아카데미 영화제에서 4관왕 했다는 뉴스 특보가 나온다. 마침 정수기 코디 님이 오셔서 정수기 청소하는 중이라 내가 묻는다.

"영화「기생충」보셨어요? 나는 안 봤어요."

"여태 안 보셨어요. 저는 봤어요. TV에서 다운받아서 봤어요. 만 원인데 가족 여럿이 보니까 좋아요." 남편이 한마디 한다. "영화관에 가서 대형 스크린으로 봐야지."

내가 다시 코디 님에게 묻는다. "영화가 어때요?"

"…여운이 많이 남아요."

"아아 그럼 좋은 영화지요. 여운이 남는다는 건 생각하게 만드니까."

"…딸은 먼저 봤어요(영화관). 자기 지난날을 보는 것 같았대요. 마음이 안 좋더라고요."

'안 좋다니요? …내가 좋아하는 삶만 살면 되나, 안 좋은 삶도 살아 봐야지' 하려다 만다.

조금 뒤, TV에서 수상 소식이 상세하게 나오자, 나는 TV

앞으로 바짝 다가앉는다. 남편이 말한다. "뭐가 그리 좋아서 어린애처럼 TV 앞에 앉아서, 그게 그렇게도 좋아."

"그럼요. 영화는 종합 예술인데… 코디 님, 남편이 지금 내가 애들처럼 호기심 많다고 핀잔하네요."

일하시는 코디 님에게 미안해서 한마디 건네니, 그가 잘 받아 준다.

"우리 어머니(경남 창영 거주)는 모든 것이 귀찮다고만 하셔요. 시골 장 구경이 얼마나 좋아요. 그래도 안 가세요. 제가 아파트를 사서 살아도 한 번도 안 오셨어요. 귀찮다고. 자꾸 모든 것 귀찮다고만 하시니까 옆에 있는 사람도 짜증나려고 해요. 그런데 어머니(기일혜)는 뭐든지 궁금해하시니까 얼마나 좋아요."

"그런데, 그 창영 어머니 연세가 몇이세요?" "86세요."

"그럼 괜찮아요. 그분 성격인데, 인생은 귀찮다고 해도 괜찮고 설레면서 흥분하고 살아도 괜찮고 다 괜찮아요. 지음 받은 천성대로 살지요. 우린 그걸 존중해 줘야 하고."

냉이 향이 얼마나 날아간다고

어제저녁 남편이 무슨 나루터에 친구랑 놀러 갔다가 냉이를 사 가지고 왔다. 검은 봉지를 내밀면서 말한다.

"5천 원 줬네." "왜 이렇게 적어요?"

"다듬어 놓은 걸 샀지." "냉이는 다듬어진 것 사면 안 되는데, 향이 다 날아가서. 쪽파 다듬어 놓은 것도 나는 안 사는데, 향이 날아간 거라." 남편이 사다 주는 냉이를 감사하지 못하고 잘못 샀다고 하니, 남편이 힘없이 받는다. "옆에 안 다듬은 것도 있지만 당신 생각하고 다듬은 걸 샀는데…."

때는 이미 늦었다. 괜찮다고 해도 남편은 저녁 내내 시무룩하다. 어린아이같이. 어느 땐 남편 맘이 더 여리고 섬세하다. 냉이 사 가지고 온 남편에게 '잘 샀네요, 들고 오느라고 수고하셨네요' 했으면 즐거운 저녁 시간이었을 텐데, 다듬은 냉이 샀다고 못마땅한 말부터 했으니…. 냉이 향이 날아가면 얼마나 날아간다고. …맘에 안 들어도 '좋아요' 하기 어렵다. 어려우니까 노력하고 살아 볼 가치 있는 자잘한 삶이 아닌가.

흥분 안 하는 사람

나는 흥분 잘하는 편이다. 남편은 흥분 잘 안 하는 편이고. 소설가로 등단했을 무렵, 유명한 소설가 선생님 댁에서 소설가 예닐곱(여) 사람이 모였다.

다른 소설가들은 별로 말을 않고 있는데, 나는 말을 많이, 전적으로 많이 한 것 같다.

다른 소설가들은 점잖게 말이 없고, 나 혼자만 보고 느낀 그대로 얘기가 많다. 이런 나를 보고 그 유명한 소설가 선생님은 "기일혜 씨는 흥분을 잘하시구나" 해서, 그제야 내가 흥분 잘하는 줄 알았다. 전에는 전혀 몰랐다. 그리고 다음부터는 그 모임에 나가지 않았다. 재미가 없어서.

내가 만난 흥분 안 하는 사람은 내 시어머님이다. 남편도 어머니를 닮아서 속내를 잘 표현 않는다. 내가 뭘 물어보면 하루나 이틀 지나서 대답할 때도 있다. 속이 깊어도 너무 깊다.

내가 막 시집갔을 때, 서울 사시는 시숙님이 오셨다.

그는 계수인 내게 어머니에 대한 이런 얘기를 들려주신다. "우리 어머니는 말씀을 잘 안 하시고 내색도 잘 안 하시고… 내가 6·25 때(고 2) 나가서 전투한 고지가 다 전멸했다고 알려졌지요. 그중에서 몇 사람만 살아서 집으로 돌아왔습니다… 나도 살아서 돌아왔지요. 죽었다가 살아온 아들이나 같은데, 어머니는 나를 한번 쳐다보시더니만, '너 왔냐' 한마디뿐이었어요. 이렇게 감정 표현을 안 하십니다. 어머니 성격이 그러시니, 계수 씨가 이해하고 살아야 합니다."

나는 그때, 젊은 새댁이라 건성으로 들었다. 무슨 옛날 얘기처럼. 지금 생각하니, 왜 그리 감정 표현을 안 하셨을까? 내가 더 성숙했더라면 시어머님과 많은 대화를 나누었을 텐데.

독일 총리 메르켈 이야기

내가 늘 관심 있게 보고 있는 독일 총리 메르켈에 대한 이야기다. 영국 어느 정치학자가 분석한 독일 총리 메르켈(65세)에 대한 평전에서 옮긴다. 이 책을 소개한 기자는 메르켈을 한마디로 이렇게 말한다.

"망설였다, 망설였다… 그리고 위대해졌다."

"통찰력보다는 신중함이 무기."

"세계금융위기 등 장고(長考) 끝 결단으로 풀어."

> "1980년대 중반 베를린. 맏딸(메르켈)을 보러 상경한 호르스트 카스너 목사는 긴 한숨을 내쉬었다. 딸은 집안의 자랑이었다. 명문 라이프치히대 물리학과를 최우등으로 졸업했고 논문은 영문 학술지에 실렸으며 국가의 가장 권위 있는 연구소에 일자리를 얻었다. 그러나 사생활은 엉망이었다. 27세에 이혼하고 빈집에서 불법 거주 중이었다. 교구민들이 딸의 안부를 물을 때면 그(메르켈 아버지)는 말을 흐렸다."

"마음(메르켈)속에는 언제나 기독교 신념이 자리했다."

"잔혹한 IS로부터 도망친 이들을 수용하는 건 기독교인의 도리였다. 저자는 적었다. '그녀는 자아를 되찾은 대신 지금껏 쌓아온 정치적 자산과 호의를 잃었다.'"(422쪽) (그녀에게 정치적 자산이나 호의보다 더 중요한 건 기독교인의 도리, 양심이었다.)

"메르켈이 꿈꾼 '강한 독일'은 제국으로서의 강국이 아니라 다른 나라의 본보기가 되는 나라였다고 저자는 해석한다. 쇼비니즘(배타적 민족주의)으로 변질된 '독일 정신'의 순수성을 회복할 희망의 증거로 보기도 한다. '몇 달 전 나(메르켈전의 저자)는 EU 정상회담에서 보라색 정장을 입은 중년 여성의 형태로 의인화된 '세계의 정신'을 보았다."(425쪽)

지금 '세계의 정신'을 대표하는 메르켈은 베를린 장벽 동쪽 템플린에서 목사의 딸로 자랐다.

아버지의 준엄함과 어머니의 인자함

아들이 우리 집에서 얼마간 지내고 있다.

오늘은 주말 토요일. 아들은 어젯밤 늦게 자면서 내일 아침 9시에 아침 들겠다, 하고 자기 방으로 들어갔다. 9시에 아침상 준비했으나 아들은 기척이 없다. 9시가 좀 지나자 남편은 아들을 깨우라고 한다. 나는 더 자게 두자고 하고.

"휴일이니까 좀 더 자게 둡시다. 12시까지 운동하러 간다니까."

아들이 안 일어나자 남편은 또 깨우라고 하고, 나는 더 자게 두자고 하고.

어느 목사님이 고향 부모님 댁에 가면, 아내는 새벽 기도 가라고 깨우는데, 어머니는 더 자라고 안 깨운다고 한다. 목사님은 그 어머니의 무한 사랑을 몹시 그리워하신다.

아들은 9시 반이 지나서 일어난다. "일어났습니다."

세면실로 들어가는 아들을 보면서 문득 성경 로마서의 말씀 한 구절이 생각난다.

"그러므로 하나님의 인자하심과 준엄하심을 보라 넘어

지는 자들에게는 준엄하심이 있으니 너희가 만일 하나님의 인자하심에 머물러 있으면 그 인자가 너희에게 있으리라 그렇지 않으면 너도 찍히는 바 되리라"(로마서 11:22).

어려운 말씀이다. 내가 이해하는 만큼만 내 말로 표현해 본다. …무서운 아버지만 보고 실족하는 자녀는 있으나, 자애로운 어머니에게 실족한 아들은 거의 없다. 우리의 영적 부모인 하나님은 공의(준엄하심)와 사랑(인자하심)을 공유하신다. 하나님의 자녀인 우리는 두렵고 떨리는 맘으로 하나님의 공의 앞에 서야 하지만, 무한한 하나님의 인자하심, 사랑 안에 들어가야 한다. 내가 잘못하면 벌주시는 무서운 하나님으로만 알고 멀리 가면 버린 자식이 된다는 말씀 아닌가 한다. 자녀를 벌주는 아버지도 자녀를 사랑해서 징계하는 것. 그렇다고 원망하면서 멀리 가 버리면 되겠는가.

하나님 마음속 깊은 인자하심, 자녀 사랑하심을 믿고 그의 긍휼 안에 사랑 안에 거해야 한다.

"… 긍휼(사랑)은 심판(공의)을 이기고 자랑하느니라"

하는, 야고보서(2:13)의 말씀도 있다.

어느 음악인 독자에게

어느 음악인 독자(60대)가 오랜만에 보낸 문자 편지다.

"선생님, 평안하시지요? …이번 코로나 사태를 어떻게 기 선생님께서 기록하셨을지 많이 궁금하고 기대됩니다…."

"어젯밤 책이 나왔습니다. 마음 같아선 이 책 들고 댁 근처로 달려가고도 싶지만…."

"선생님… 가슴이 뛥니다. 왜 선생님의 문자만 봐도 쿵쿵거리는지 알 수 없습니다. …언제 뵐 수 있을까요?"

"40여 권의 책을 읽으며 선생님이 좋아하는 부류의 사람에 대해 연구(?)하게 됐습니다.

어찌하면 선생님과 편안한 만남을 이어 갈 수 있을까… 정답은 못 찾았지만 어렴풋이는 알겠어요. 선생님, 선생님의 글을 기대하고 바라고 밑줄 치고 눈물 흘리면… 저는 10년을 못 봬도 선생님을 사랑하는 애독자입니다. 부족한 저를 기억해 주심만으로도 충분히 행복한 사람입니다."

'당신이 내 옆에서 한 달만 같이 살아 본다면, 나에 대한 그 환상이 싹! 싸악… 가셔질 것입니다.'

광범한 자아(自我)로 성숙하려면

어느 날, 내 책을 내는 출판사 편집실장님이 내게 하신 말씀이다. "선생님 원고(42집) 언제쯤 주시겠어요? 이번 책은 기대가 돼요. 코로나로 사람들 안 만나시니까. 선생님이 누구 만나서 쓰는 글보다, 선생님 얘기가 더 재미있어요."

"그래요?"

편집실장님의 얘기는 의외다. 나는 이번에 몇 달 동안 사람을 거의 안 만나, 내 얘기가 많아서 어쩔까 하고 있는데, 다른 사람 만나고 쓴 글보다 내 얘기가 더 재미있다니 좀 안심이 된다.

내가 몇 달 집에만 있으니까, 남편도 이런 말을 한다.

"코로나 비상이 풀리면 여행 좀 갔다 오지, 독자들이 당신 얘기만 들으면 지루하니까."

"편집실장님은 내가 다른 사람 만나고 쓴 글보다 내 얘기가 더 재미있다고 하던데요."

"그건 실장님 개인 의견이고."

남편은 늘 보고 듣는 아내 얘기만 하는 건 독자들에게 예의가 아니라는 것.

오늘 아침 받은 친구 전화(41집 독후감)는 이렇다.

"…글이 다 삶인데 어느 건 좋고 어느 건 안 좋고, 가 어디 있겠어요… 「그때가 내 절정이다」 보면서 무슨 말이 필요해. 이게 기일혜 핵인데, 했어요… 이제 당신 어디 안 가고 써도 되겠구나, 했어요."

집에 있어도 삶은 계속되고 그 삶을 바라보는 작가적 심안(心眼)이나 영안(靈眼)은 더 깊어질 수도 있다.

그러나 창조주가 만드신 모든 사람은 다 독특한 창의성을 가진 존재. 그런 새로운 사람들과 만나서 희로애락을 몸으로 살면서, 아프고 고통하면서 '광범한 자아'로 성숙해야 한다.

덴마크 동화와 어린이 교육

동생의 손녀 아인(6세)이가 할머니 집에 와서 며칠 지내고 있는데, 해가 질 때면 창문을 열어 놓고 목이 터져라고 노래를 부르면서 운다고 한다. "당신은 사랑받기 위해 태어난 사람! …" 할머니가 묻는다.

"아인아 왜 우니?" "노래가 슬퍼서…."

맑고 맑은 감성의 아인이를 생각하면서, 어느 외국 교수의 글을 여기에 옮긴다.

> "세상에서 가장 행복한 나라로 알려진 덴마크… 어린이들도 세상에서 가장 행복한 어린이들로 자란다. …여기서 큰 역할을 하는 것은 동화다… 상처도 인생의 일부라고 생각하고… 행복은 스스로 현실을 극복하는 데서 기인한다고 알게 되고, 그 훈련이 쌓이면서 저력이 된다. 유명한 안데르센 동화도 마찬가지다. 대표작인 「미운 오리 새끼」는 따돌림과 차별 이야기, 「성냥팔이 소녀」는 가난하고 힘든 현실의 슬픈 주인공을 그리고 있다. 왕자와

사랑을 이루지 못하고 거품으로 변해 파도에 휩쓸리는 「인어공주」도 마찬가지다. 안데르센은 슬프지만 동시에 아름다운 동화가 가치 있다고 생각했다."

"어린이가 질문하면 정직하게 대답하는 것이 바람직하다. 능력이 있다면 유머를 섞어서 설명해 주면 더 좋다. 환상만 주입하는 건 좋은 일이 아니다. 아름다운 동화 속 이야기만 읽고 자라다가 성인이 되어 현실에 직면하면 배반을 느끼고 세상을 원망하게 된다. 어릴 때부터 신데렐라를 꿈꾸고, 어른이 돼서 시청하는 드라마도 온통 신데렐라 일색이니 그렇지 못한 상황에서 자괴감이 더 쌓인다.

올해 어린이날은 코로나 속에서 다소 어수선하게 지나간다. 집에서 시간을 보내는 어린이들을 위해 교육 방향을 생각해 볼 시기다."

해가 지면 창문을 열어 놓고 목이 터져라고 노래를 부르면서, 노래가 슬퍼서 운다는 아름다운 감수성 가진 아인이 같은 어린이들이 잘 커 나갈 수 있도록 '교육 방향'을 많이 고민하고 생각할, 지금은 그런 시기다.

4부

자기 쓰레기 자기 양복 주머니에 넣는 사람

우리들의 오빠

'홍도야 울지 마라 오빠가 있다….' 이런 유행가 가사가 있다. 다른 구절은 안 들리고 내겐 '오빠가 있다' 구절만 들린다. 어느 젊은 친구가 자기 오빠 얘기를 한다. "나는 오빠가 돈 쓰는 게 아까워서 오빠가 돈 쓰려고 차에서 내리면, 얼른 따라 나가서 '오빠 여기 카드' 하고 내 카드를 내밀어요." 친구 오빠는 여유 있게 사는 편이고 친구는 어렵게 사는데도 그렇다.

그 친구의 오빠 사랑은 맹목적이다. 의아하게 생각하면서 내 경우도 생각한다. 나는 오빠와 동행 때, 오빠보다 먼저 돈 내겠다고 카드 내 본 적 없다. 마음은 있으나 카드가 없다. 남편이 카드 쓰라고 주는 날, 쓰고 곧 반환한다. 그러니 내게 무슨 카드 사용권이 있겠는가.

나도 친구처럼 오빠가 돈 쓰는 게 아깝고 안쓰럽다.

나는 오빠의 누이지만 오빠의 어머니도 되기 때문이다. 물론 남편의 아내, 어머니이기도 하고. 그러나 남편은 나 자신이나 같으니, 멀리 있는 오빠에게 더 마음이 간다.

내가 가장 잘 쓴 돈 5만 원

지금까지 나는 오빠, 동생들 생일을 기억한 적이 없다. 가족 생일은 물론이고. 며칠 전 동생이 다음 주일날 오라고 하면서, 오빠 생일이라고 해서 알았다.

오빠는 사람에게 돈을 잘 주는 편이다. 오빠처럼 잘 주는 사람 못 봤다. 특히 불쌍한 사람 보면 그냥 지나치지 못한다. 주기만 하는 오빠 생일에 내가 80년 만에, 적지만 5만 원 드리고 싶었다. 마침 내 수중에 5만 원이 있기에. 보통 땐 그것도 없다. 그걸 꺼내서 봉투에 넣고, 뭐라고 내 마음을 봉투에 쓰려고 하니, 눈물이 쏟아지려고 해서 못 쓰고.

동생 집에서 잘 차린 오빠 생일상을 받고 나왔다.

내 손가방 안에는 5만 원 든 봉투가 그대로 있고. 돌아오는 전철 안에서도 나는 드릴까 말까(부끄러워서), 계속 망설이다가 용기 내서 오빠에게 봉투를 내민다. "생신 축하드려요… 이 돈 ○○이가 급할 때 쓰라고 준 돈인데… 이 돈 가장 보람 있게 잘 쓰는 것 같네요."

"허허허 그러냐, 고맙다. 내가 두고 잘 쓰마."

자기 쓰레기 자기 양복 주머니에 넣는 사람

내가 사는 아파트 거실 창에서 보면 보도를 걸어가는 행인들 모습이 보인다. 바삐 오가는 사람들 모습에서는 삶의 생기가 전해진다. 행인들의 걷는 모습도 다양하다. 바라만 보고 있어도 심심치 않다. 이 집으로 이사 왔을 때, 처음 방문하신 시숙님은 창가에 앉아서 "늙어서 여기 앉아 있으면 심심하진 않겠네" 하셨다. 가끔 나도 창가에 앉아서 보도로 걸어가는 사람, 건널목 건너는 사람, 버스 타려고 기다리는 사람, 지하철 입구로 뛰어가는 사람들을 본다.

오늘 아침도 보니, 걸음걸이가 가볍고 허리가 반듯한 젊은 여인이 걸어오더니 버스 정류소에서 멈춘다. 은회색 코트 주머니에서 뭘 꺼내더니 집어넣고 지하철 입구로 걸어간다. 거기 쓰레기통이나 쓰레기 넣는 봉지가 있었나.

내 오빠는 동생 집에서 식사할 때 생기는 화장지는 자기 양복 주머니에 넣는다. 동생 집 쓰레기통에 안 버린다. 이런 오빠를 보고 있으면 괜히 부끄러워진다. 이유는 잘 모르겠지만.

내가 지금 위로받으러 가는 사람

이번 표지(41집)가 맘에 안 들어서 괴로워하다가 다음날 이웃에 사는 박 선생에게 간다.

박 선생은 표지를 보더니, "선생님 이 표지가 어때서요? … 보고 있으니, 맘이 편안해져요… 선생님은 색에 너무 민감하신 것 같아요. 독자들은 선생님과 달리 볼 수도 있지요. 나는 이번 표지가 전번 것(목련꽃)보다. 훨씬 좋아요."

"그래요. 제가 너무 색에 민감해요. 어느 땐 공포심까지 느끼니까요."

주시는 차(茶)도 사양하고 집으로 가는 마음이 평안하다. 박 선생을 전적으로 신뢰하기에, 그가 좋다면 좋은 것.

그의 안목과 수준을 믿는다. 박 선생의 말이 내 상한 마음을 치유한다. '친절이 의술'이라고 한다. 의사의 친절이 병자의 병을 치료한다고 하나, 사람의 영혼까지 치유할 수 있을까. 내 영혼을 치유하려면 내 영혼을 이해하고 공감하고 사랑하는 사람이어야 한다. 박 선생은 어느 때는 나보다 먼저 내 영혼의 울먹임이나 흐느낌을 감지(感知)한다.

동태전과 병어조림

아들이 와서 오랜만에 큰 병어를 몇 마리 샀다. 먼저 한 마리를 조려서 남편 식탁에 올린다.

남편은 병어조림이 싱겁다고 하면서 혼잣말처럼 하는 말. "동태전이나 잘 부치지…."

내 생선조림 솜씨가 형편없다는 말이다. 내가 음식을 잘 못 하니까 그러나 보다 하면서도 변명한다. "내가 음식을 싱겁게 해서 그래요." "생선조림이 싱거우면 먹을 수 있나."

"내가 병어조림 잘 안 해 봐서 연습으로 해 봤어요."

다음 날 정신 차리고 두툼한 병어에 밑간해서 병어조림 잘 해서 식탁에 올린다.

맛을 본 남편의 말. "옛날 솜씨 나왔네."

나는 어리둥절해진다. 내가 솜씨 좋았던 옛날이 있었나? 남편의 말이 이상하게 들린다.

사람의 말은 시시때때로 변하는가. 어제는 생선조림 못한다고 하더니, 오늘은 옛날 솜씨 나왔다고 하고.

성경 잠언에도 이런 말씀이 있다.

"까닭 없는 저주는 참새가 떠도는 것과 제비가 날아가는 것같이 이루어지지 아니하느니라"(잠언 26:2).

사람이 하는 말이라고 다 의미 있는 것 아니다. 그 무서운 저주도 까닭 없이 하면, 참새나 제비 날아감같이 공허하다는 것. 의미나 생명력 없이 떠돌다가 사라지는 말도 흔하다. 그러니 사람의 말에 너무 괘념하지 말라는 말씀 아닌가. 남의 말을 들을 때, 의미가 있는 말인지 의미가 없는 말인지, 분별력을 가지고 판단해야 할 일이다.

채혈실 앞에서 일어난 일

남편의 정기 검진 날, 이른 아침, S병원 채혈실(採血室) 앞 대기실. 채혈하는 사람들이 많다.

코로나19로 모두 마스크를 하고 있다. 무섭다.

남편이 채혈을 마치고 나와 주사 맞은 데를 누르고 있는데, 채혈실 안에서는 아이 울음소리가 애처롭다. 울던 아이가 채혈을 마치고 와서 내 옆에 앉는다. 4~5세 정도. 엄마가 아이 안경을 벗기고 눈물을 닦아 준다. 아이는 마스크 쓴 채, 흐느낌이 남아 있다.

그때, 내가 마스크 쓴 채로 기침을 한 번 한다. 남편이 주의를 준다. 나는 사탕 한 개를 꺼내 들고 남편에게 본능적으로 묻는다. "이거 먹을까."

남편 대답이 차다. "그걸 왜 나한테 물어? 자기가 알아서 해야지."

"당신한테 묻는 게 버릇이 돼서, 내가 별걸 다 당신한테 묻네… 그런데 당신도 그래요. 그렇게 차게 말하지 말고 고개만 끄덕이면 될 일인데…" 내가 풀이 죽어서 말하니까,

남편은 미안한지, "알았어. 그냥 있을걸 그랬네…."

힘없이 말한다. 남편의 고분고분한 말에 무안해진 나는 얼른 옆 아이를 본다.

아이는 중병인 것 같다. 진분홍색 털모자에 연분홍 스웨터를 입고. 어린 생명이 생사를 넘나드는데, 80 넘은 노인들이 말도 안 되는 일로 티격태격하고. 안 고쳐지는 인간 피조물들!

사람이 사람을 고칠 순 없다.

10분만 더 있다 가세요

동생이 백화점에서 세일할 때 옷 세 벌 샀다고 와서 봐 달라고 한다. 동생 집으로 가서 동생과 함께 맘에 안 든 옷 두 벌을 들고 M 백화점 3층 옷가게로 간다.

얼마 뒤, 일을 잘 마친 우리는 가게 소파에 앉아서 메밀차를 마시면서 옷 가게 여점원과 얘기한다. 점원은 교양이 있고 지성도 있어 보인다. 그러나 얼마 뒤, 다른 고객을 생각해서 우리는 일어난다. 우리가 막 일어나자, 가게 여점원은 애원하듯이 말한다. 우리를 꽉 붙잡는다.

"10분만 더 있다 가세요."

여인의 간절한 심정적인 말에 의아해하면서 앉는다.

그러자, 동생이 나를 그에게 소개한다. 내가 내 책 한 권을 그에게 내민다. 학교 다닐 때 책 선물 받아 보고는 이번이 처음이라는 그(30대 초반)는, 그 자리에서 책을 펴고 어느 한 대목을 읽는다. 뭐라고 읽더니(잘 안 들림),

"…아아 너무 좋아! …" 하면서, 그는 내 책을 그의 얼굴에 대고 막 비빈다. 그것을 본 동생이 얼른 말한다.

“다음에 책 더 갖다 줄게요.”

이렇게 감탄하면서 책 좋아하는 독자는 처음이라 이상할 정도. 나도 당황한다. 그러나 책 좋아하는 사람은 달리 보인다. 책 좋아하는 사람은 누구나 다 내 친구가 될 수 있다.

백화점에 옷 바꾸러 가는 동생 따라가서도 사람은 새 친구를 만들 수 있다. 세상 어디나 사람이 있는 곳에서는 따뜻한 인간관계가 이루어지기도 한다.

꽃대가 올라온 냉이

냉이는 향이 뛰어나다. 누가 시골 들판에서 캔 냉이를 주었다. 그 냉이로 국을 끓이면 온 들판의 봄 향기를 모아 놓은 듯, 그 향이 집 안에 진동한다. 냉이국에 맛을 들인 남편이 그제, 동네 마트에서 냉이 한 팩(3,900원) 사다가 주면서 하는 말.

"좀 억세 보이데만… 냉이가 다 들어가는가 보대. 여러 군데 들러도 없고 그 마트에만 있대."

"그래요, 얼른 봐도 억세 보이네요."

오늘 아침 냉이국 끓이려고 씻는데, 억세고 질기다. 꽃대가 올라온 걸 자르고 넣어서 상품으로 포장했다. 이런 걸 상품으로 내놓았나, 하는 생각 전혀 안 든다.

'아아 코로나19로 출하 시기 놓친 냉이가 꽃을 피었구나.' 그 꽃대라도 잘라서 상품으로 팔아, 씨앗 값이라도 건져 보려는 애타는 농부의 심정이 전해 온다. 요즘 TV에서도 그런 모습들을 많이 방영하고 있다. 미나리를 쓱쓱 베어서 버리는 농부의 모습이 처절하다.

그러나 남편이 사 온 억세진 냉이는 먹을 수가 없다. 버려야 한다. 냉이 한 팩 값 3,900원, 손해라는 생각 전혀 안 들고 오히려 어떤 감동이다.

버리려던 냉이를, 아침 식탁의 아들(잠시 와 있음)에게 보이면서 말한다.

"이거 봐라, 이 냉이가 질기고 억세서 못 먹게 됐다. 그러나 하나도 안 아깝다. 오죽했으면 이런 걸 팔려고 했겠니? 코로나로 유통이 막히니까 농부들 손해가 막심하다."

아들에게 이웃 아픔에 동참하는 엄마 모습 보이는 것. 그것도 인생 공부니까.

오래 기다리셨습니다

우리 아파트 집 앞에서 승강기를 기다리고 있다.

택배 아저씨나 요구르트 아줌마가 배달할 때는 한참 기다려야 한다. 한참 기다리면 승강기가 도착하면서 '오래 기다리셨습니다' 하는 멘트(?)가 나온다. 이 소리가 나면 나는 괜히 좀 화가 난다. 애들 말로 약 올리는 것 같아서.

그날도 오래 기다리다 승강기 안으로 들어가니, 아는 아저씨가 서 있다. 순한 인상의 아저씨라 인사하면서 내가 말한다. "'오래 기다리셨습니다' 하면 화가 나요. 그렇잖아도 기다리느라 지쳤는데, 약 올리는 것 같아서."

순한 인상의 아저씨는 내 말을 선하게 받는다.

"왜 화가 나요. 격려해 줘서 좋지요."

나는 '화가 난다'고 하는 승강기 멘트를 아저씨는 격려로 받는다. 너그러우시다. 아저씨에게서 배운다. 내 과민이 승강기의 친절을 순순히 못 받아들이는구나! …나는 혹시 피해 의식이 많은 사람 아닌가. 승강기에 대해서도 피해 의식을 갖는 부정적인 사람이라면, 고쳐야 할 내 큰 결점이다.

같이 가실래요

어느 날의 우리 아파트 현관 앞. 나와 같은 라인에 사는 어느 부인(70대)을 만난다. 그는 나하고 얘기하고 싶은 얼굴로 나를 쳐다보시면서 말한다.

"착하시긴… 소녀같이. 요새는 잘 못 만나네요…."

내게 말하는 그 부인의 표정을 보니 '얘기 좀 하게 같이 가실래요' 하는 것 같아서, 우리 아파트 정원께로 자리를 옮긴다. 아침 운동 갔다 온다는 그는, 아침 시간에 좀 실례가 될 정도로 무거운 얘기를 쉽게도 꺼낸다. 자기가 살아온 반생을 길게 이야기한다. 그래도 경청한다.

내가 들은 그의 얘기를 요약해 본다.

건축 자재 공장을 경영하던 남편이 40대에 갑자기 사망하자, 그가 대신 공장을 맡았다. 사업이 잘돼서 돈 많이 벌었다. 몇 해 전에 공장 다 정리하고, 그 돈을 남에게 빌려주고 받은 이자로 산다고. "친구가 가르쳐 준 대로 부동산 등기를 잡고 빌려주면 확실해요."

이자로 두 애들 가르쳐서 결혼시키고 지금 자기도 그 이

자로 생활한다고.

누가 이자 받아 생활한다면 전에는 내 가치관에 어긋난다고 생각했다. 그러나 지금은 다르다. 하찮은 내 가치관으로 어떻게든 열심히 자녀와 가정 지키면서 혼자 힘들게 살아온 이웃을 판단, 정죄하겠는가. 그를 판단, 정죄하실 이는 주님이시다. 그런데 주님은 간음하다 현장에서 잡힌 여자도 정죄 안 하셨다. 사랑은 모든 허물을 덮는 것이니까.

"…예수께서 이르시되 나도 너를 정죄하지 아니하노니…" (요한복음 8:11).

깊이 생각해야 합니다

인터넷에서 어느 목사님 강의를 잘 듣고 있다. 그분이 가장 많이 쓰는 말씀이 있다. "깊이 생각해야 합니다."

아무리 들어도 들을 때마다 의미 있게 깊이 들리면서 생각하게 되는 말씀이다. 깊게 생각하지 않고, 가볍게 듣고 생각하고 가볍게 행동하는 이 시대를 향한 경고 말씀 같다.

일상에서 남편은 아내가 하는 말을 깊게 듣지 않는 것 같다. 아내도 남편 말을 깊게 듣지 않고. 오래 살다가 보니, 상대가 말하려는 걸 예측 예견하는 데서 오는 나쁜 습관이다.

어느 날, 내가 얘기하는데, 남편이 TV를 보면서 건성으로 듣는다. "깊은 얘기는 깊이 들어야지요." 나도 모르게 나온, 건방진 아내 말도 남편은 잘 못 알아듣는다. 그러나 소가 웃을 일이다. 이 말은 남편이 내게 할 말이다.

"현대인의 저주는 피상성(皮相性)이다"

피상성은 진상(眞相)을 추구하지 않고 표면만을 보고 내리는 판단, 경박성, 소중한 것을 소중하게 안 여기는 성향. 남편 얘기를 건성으로 듣는 나, 깊이 생각해야 한다.

예측 불허의 검

지하철 7호선 숭실대입구역에서 만난 동생과 나는 어디로 갈까 망설이고 있다.

"어디로 갈까? …산에 가는 건 언니한테 너무 힘들고."

"그럼 알아서 해라. 산 비슷한 데 가든지, 나는 너 가는 대로 따라간다."

"우리 집으로 가서 점심 먹고 얘기나 하세." "그러자."

동생 집으로 가서 잘 자란 뱅갈고무나무도 보고, 양배추에 수육도 싸서 먹고. 동생이 먼저 이런 얘기를 꺼낸다.

"오랜만에 언니 얘기도 듣고, 반성도 하고, 그래서 전화했지."

'반성도 하고…' 이런 말 하는 동생 앞에서 나는 기가 죽는다. 동생의 이런 겸손. 늘 반성하고 회개할 사람은 바로 언니인 나인데. 부끄러운 맘으로 동생에게 말하고 싶다.

'…너는 나보다 앞서가서 나를 찌르는 예측 불허의 날 선 검(말씀)이다. 이럴 때, 넌 내 영적 선배. 형제간에 이런 말 하기는 더 어려운데… 네 믿음의 용기를 존경한다.'

물김치 한 통의 행복

어느 가을의 이른 아침 7시. 집 전화벨이 울린다. 이렇게 일찍 무슨 전화지? 80이 다 된 내 친구 목소리다.

"지금 집에 계신가 하고, 물김치 한 통 갖다 드릴게요. 집 앞 전철역으로 나오세요." "아아 안 돼. 허리도 약하신 분이. 제가 지금 댁으로 갈게요."

부랴부랴 서둘러 집 앞 전철에 올라 30분쯤 가다가 한 10여 분 걷는다. 걷다가 지갑을 꺼내 보니, 어쩌려고 4만 8천 원이나 들어 있다. "이것 다 드려야지."

나는 무한대한 기쁨에 차서 생각한다. 아아 이 아침에 나만 살아 있구나. 이 아침에 사랑하는 자만 살아 있다. 이토록 나를 귀히 여기는 친구가 있고, 기쁘게 하는 삶이 있다.

이 아침에 내가 가장 큰 사랑받고, 내가 가장 큰 사랑 드리러 간다. 친구네 집이 가까워질수록 두근거리는 가슴.

물김치 한 통이 만들어 내는 가을 아침의 행복. 내가 가장 행복한 때는 누구에게 뭘 드리려고 달려갈 때다. 늙어서 더욱 깨달아지는 건, 사랑은 주는 것, 마음껏 다 주는 것.

아픈 사람한테 전화하려면

어느 분이 자기 교회 목사님이 하신 말씀이라고 내게 열심히 전해 준다. "우리 목사님이, 아픈 사람에게 전화하려면 아픈 사람이 되어서 전화하라고 해요."

이 말씀 한마디가 문득문득 생각난다. 요새 내 주위에는 아픈 친구들이 많다. 그 아픈 친구들에게 전화할 때, 내가 친구같이 아픈 사람이 되어서 전화 못 했기 때문이다. 내가 아픈 사람이 되어서 전화하기란 사람으론 거의 불가능한 일이다. 마태복음의 예수님 말씀이 생각난다.

"예수께서 들으시고 이르시되 건강한 자에게는 의사가 쓸데없고 병든 자에게라야 쓸데 있느니라"(마태복음 9:12).

병든 자에게 의사가 되시는 예수님. 아픈 친구에게 전화할 땐 예수님 마음으로 전화해야 위로가 된다. 그런데 사람이 예수님 마음 갖기가 어렵다.

가난한 자가 가난한 자 사정 안다는데, 예수님은 언제 아팠기에 병자 고통을 다 아실까. 예수님은 하나님의 신성, 사람의 인성을 다 가진 분. 병 안 들어도 병자 고통 다 아신다.

주인을 못 찾고 돌아오는 책들

내 책장 한구석엔, 내가 부친 책이 수신인을 못 찾고 반송된 네 권이 있다. 그것을 뜯지도 않고 그대로 놓아두고 가끔씩 쳐다본다.

'나는 왜 저 봉투를 못 뜯고 보고만 있을까?'

나는 '수신인이 이사 감' '수취인 주소 불확실'이라는 사유로 반송되는 책 봉투들을 못 뜯고 있다. 반송된 책은, 책 보낸 나를, 수신인이 거부하는 것 같다. 상처가 되면서, 그 사람과 단절되는 외로움이 느껴진다. 그리고 수신인 주소, 이름이 비에 젖지 않도록 테이프까지 붙인 소포 포장지, 남편의 수고를 확 찢어 버리기도 쉽지 않고.

정(情)이 문학이라고 한 분도 있다. 내가 정이 많아 반송된 책이 말하는 누군가의 거부(?)에도 상처가 되는가. 정은 이기성 띤 상대적인, 온전한 사랑에 이르지 못한, 주관적 감정 아닐까.

내가 반송된 책 봉투를 언제 뜯을까? 시간이 지나, 개인적인 정을 넘어서 나를 객관적으로 볼 때가 아닌가 한다.

더워서 기뻐요

더워서 기쁘다는 여인. 이런 여인(75세), 내겐 처음 만남이다. 내겐 처음이 많다. 나는 어제 만난 동생도 오늘 만나면 처음 만난 것같이 새로워지고, 얼마 전 내린 눈도 오늘 내리면 또 첫눈같이 설렌다.

더워서 기쁘다는 그 여인과 45년 친구라는 한 선생은 그를 이렇게 말한다.

"그분이 화내시는 걸 못 봤어요. 남편에게도 아들들에게도 항상 천사, 천사랍니다."

사람뿐 아니라 날씨에게도 화를 안 내시는 분, 날씨가 추우면 춥다고 불만하고 더우면 덥다고 짜증내는 사람도 많은데, 그분은 날씨가 더우면 더워서 기쁘다고 한다.

그 여인은 바로 경기도 오산 사는 경희 님이다. 그날, 36도가 계속되는 폭염에 나는 오산 그 댁에 도착한다. 오산역에서 만난 한 선생과 함께 그분 아파트 앞에 섰을 때, 현관문을 열고 우리를 맞는 경희 님. 그는 얼굴에 솟는 땀을 손수건으로 계속 닦는다. 내가 미안해서 말한다.

"아아 땀을 많이 흘리시는구나."

"…더워서 기뻐요, 물 많은데 샤워하면 얼마나 시원해요."

그는 의외의 답을 한다. 이 혹서(36도)에 손님으로 가서 미안한 마음인 나는, 그가 더워서 기쁘시나니, 내 무례함을 용서하고도 남는 넉넉한 말씀이다.

나를 무안하지 않게 하려는 배려의 마음에서 '더워서 기뻐요' 했을 것. 나는 그 과분한 환대에 마음 놓으면서 그 댁에 머문다. 한 선생은 바쁘다고 서울로 먼저 떠나도 나는 두세 시간 더 머물렀다. 내 집이나 된 듯, 염치없이 느긋하게 앉아서 끝없는 이야기의 물꼬를 튼다.

서울로 돌아갈 길이 멀면서도 갈 생각도 않고. 더구나 그 댁 바깥 선생님도 계시는데 그랬다. 그 댁 안주인인 경희 님과의 만남도 그날이 처음. 그가 내 독자라는 것 외에는.

그가 내 애독자라는 믿음이 주는 절대(?) 안심이 시간 가는 줄 모르고, 남자라면 무조건 멀리하는 내가 경희 님 남편도 계시는 그 댁 거실에서 오래 머무른다. 아마 내 무의식까지 편안했던 것 같다.

음식물 쓰레기통 옆에 서 있는 할머니

아는 할머니(85세)가 시무룩한 얼굴로 음식물 쓰레기통 옆에 서 있다. "최양자 어머니, 왜 그렇게 거기 서 계세요?"

"어제 손님이 많이 와 쓰레기가 많아서, 비닐봉지로 한 번 싸고 또 싸고… 그런데 고만 하나만 벗기고 넣어 버렸다 아닌가. 그걸 꺼내려고 하는데 안 돼서 찜찜하구만요."

"그걸 꺼내려면, 우리 집에 긴 집게 있어요. 가서 가지고 올게요."

"아니, 여기도 있는데 빠가(성능 나쁨)라!"

할머니는 '빠가'라는 집게를 들고 다시 스티로폼 박스를 발받침으로 놓고 올라가서 음식물 쓰레기통 쪽으로 몸을 숙여서 오른손을 깊게 집어넣는다. 할머니가 쓰레기통 속으로 쏟아져 들어갈 것 같아서, 나는 그의 몸을 꽉 붙잡고 있다. 깊게 들어간 할머니 팔이 어찌어찌하더니, 검은 쓰레기 봉지를 끄집어낸다.

"됐다! 아깐 혼자라 겁이 나서 못 하겠더라. 인제 됐다. 음식물 버리는데 비닐봉지 들어가면 안 된다, 안 된다… 고맙습니다."

글을 잘 쓰시는 최양자 할머니는 공동생활 수칙도 엄격하게 지키신다.

언젠가 나는 음식물 쓰레기 봉지 속에 들어 있는 작은 비닐봉지 하나를 빼고 넣는다 하면서, 그만 깜박하고 쓰레기통에 넣어 버렸다. 아이구 어쩌면 좋아! 통 속으로 손을 넣어, 들어간 작은 비닐봉지 찾는다는 엄두도 못 내고, '주님 저는 이렇게 부족한 인생입니다. 용서해 주세요' 하고 말았다. 어떻게든 자기가 잘못해서 버린 음식물 쓰레기 봉지 기어이 통에서 끄집어내고야 마는 85세 최양자 할머니는, 쓰레기통에 음식물 쓰레기 봉지 잘못 넣고 꺼내려고도 않고 기도만 하고 가는 나보다 훨씬, 몇 배나 더 훌륭하시다.

속 터져서 문자 못 해요

“선생님 나는 속 터져서 문자 못 하겠어요. 그래서 전화해 버려요.” 어느 젊은 친구의 솔직한 말에 내가 대답한다.

“그럼 전화로 하세요. 속 터지지 말고.”

그다음부터 그에게 문자 보내려고 하면 이젠 내 속이 터지려고 한다. 그래서 그에게는 문자 안 보내고 전화로 말한다. 상대가 내 좋아하는 사람이면 더 신속히 닮는다.

한번은 어느 독자가 우리 집에 오셨는데, 모네 그림에 대해서 일가견이 있다. 내가 놀라서 묻는다.

“어떻게 그리 모네 그림을 잘 아셔요?”

독자의 대답은 천연스럽다.

“선생님(기일혜)한테 배웠어요.” “네? ….”

‘근묵자흑(近墨者黑)’ 먹을 가까이 하면 검어진다, 나쁜 사람과 사귀면 물들기 쉽다는 말. 그래서 친구를 보면 그 사람을 안다고 했다. 예수님과 친구 되면 예수님을 아니 닮을 수 없게 된다.

의인은 한 사람도 없다

어떤 독자가 말한다. "작가님 아프지 말고 오래 사셔야 해요. 의인 한 사람만 있어도 이 성은 망하지 않는다고 했어요. 그래서 작가님이 오래 사시라고 기도해요."

나를 의인이라고? 내가 살아 있어야 이 성이 멸망하지 않는다고? 무서운 말이라 침묵한다. "너희는 예루살렘 거리로 빨리 다니며 그 넓은 거리에서 찾아보고 알라 너희가 만일 정의를 행하며 진리를 구하는 자를 한 사람이라도 찾으면 내가 이 성읍을 용서하리라"(예레미야 5:1).

독자는 이 말씀을 두고 내게 하는 말인 것 같다… 얼마 후, 만난 독자에게 내가 말한다. "예수님 믿는 우리는 다 의인입니다. 원래는 다 죄인이었으나 예수님 믿고, 예수님 의를 덧입고 의인이 된 거지요. 예레미야에서 의인 한 사람만 있어도 이 성을 멸망시키지 않겠다, 하신 말씀은 '정의 행하며 진리 구하며 사는 사람' 찾아보기 힘들다는 한탄에서 나오신 말씀 같습니다. 의와 진리를 '삶 속에서 실제로 살아 내는 사람' 그런 의인은 없다는 말씀 아니겠어요."

커피와 우거짓국

새벽 네 시나 다섯 시에 일어나서 마시는 커피 맛이 좋다.

커피를 마시면서 가끔 책에서 읽은 '가난한 영어 선생'을 생각한다. 오래전에 읽은 수필에 나온 영어 선생 이야기다.

이 대목이 잊히지 않는다.

> "…언제나 처세를 잘하여 거대한 재산을 소유하게 된 모 씨는, 그(영어 선생)가 자식들의 학비 하나 제대로 대지 못한다고 그의 무능을 비웃었다. '무능'한 그는 지금 남의 집 옆채에 세도 안 내고 들어 있다. 좋아하는 커피도 못 마시고 어떤 집에서 '커피'를 대접하면 진하게 한 잔 더 달라고 한다. 국유 재산 부정불하에 관여한 분들이 그것을 보면 그를 치사하다고 할 것이다."

새벽에 커피를 마시면서 나는 그 가난한 영어 선생에게도 미안한 마음이다. 커피 농사짓는 아프리카 가난한 농부에게도 그 수고의 값, 정당한 이윤이 잘 돌아가기를 바라면서… 내 아침밥은 우거짓국에 밥 한 공기면 넉넉하다. 새벽에 커피 마시는 호사를 누렸으니까. 내가 무엇을 먹고 마시든지 가난한 이웃을 생각하려고 한다.

성경 잠언에는 이런 말씀이 있다.

"가난한 자를 조롱하는 자는 그를 지으신 주를 멸시하는 자요…"(잠언 17:5).

"가난한 자를 불쌍히 여기는 것은 여호와께 꾸어 드리는 것이니 그의 선행을 그에게 갚아 주시리라"(잠언 19:17).

주님은 가난한 사람을 불쌍히 여기신다. 오죽이나 가엾게 생각하셨으면 가난한 자를 불쌍히 여기는 것은 하나님께 꾸어 드리는 것, 그 선행의 빚을 꼭 갚아 주시겠다고까지 하실까?

그리고 가난한 자를 무시하고 조롱하는 자는 곧 하나님을 멸시하는 자라는 엄한 경고의 말씀도 하신다. 그러므로 우리가 가난한 사람 불쌍히 여기는 것은 하나님을 기쁘시게 하는 일이다.

아내 말대로 장보기

한국에서 사는 영국 어느 칼럼니스트가 쓴 「한국 일기」를 보았다. 한국과 영국 아저씨들의 자화상인데, 그는 인생의 중년을 가장 힘든 시기라고 보았다.

내가 뜨끔한 대목은 '아내 말대로 장보기'이다. 내가 장보기 하는 남편 따라간 이야기가 생각나서다. 어느 날, 내가 남편과 같이 농협 마트에 장 보러 갔는데, 엄격히 말하면 남편 장 보러 가는 데 내가 따라갔다. 결국 나는 남편이 밀어내서 매장 밖으로 쫓겨나고 말았다.

이유인즉 물건을 잘 보지도 않고 아무거나 고르고 물건을 골라서 옆에 있는 비닐봉지에 넣는 것도 잘 모르고, 오히려 일만 복잡하게 만든다는 것. 매장 밖 한구석에 서서 조금 비애스러웠다. 백발이 성성한 노인 남편이 장 보고 그보다 젊은 나는 서 있고… 그 칼럼니스트가 울고 싶었던 장면이 바로 백발이 성성한 신사가 장 보는 모습이다. 자세하게 묘사했다.

"…얼마 전 영국을 방문했을 때, 슈퍼마켓 안에서 씁쓸한 장면을 목격했다. 영국 아저씨들은 진열대 안에서 부지런히 사진을 찍어 아내에게 보낸 후 전화를 하고 있었다. '맨 밑 선반에서 오른쪽에 있는 거? 빨간색 맞지?' 백발이 성성한 신사들은 더 처량하다. 아내가 손으로 휘갈겨 쓴 쇼핑 리스트가 천년 된 보물 지도라도 되는 양 조심스럽게 움켜쥐고는 머리를 긁적이며 판독해 보려고 노력하고 있었다. 나는 아저씨의 운명이 지구상 어디에서나 똑같다는 사실을 깨닫고 눈물이라도 흘리고 싶었다."

내 남편은 일주일에 두세 번은 마트에 장 보러 간다. 백발이 성성한 86세 노년으로. 중년 아저씨보다 더 처량한 모습일까. 나는 남편에게 말한다. 당신은 지금 유약한 아내 돌보고 살리는 막중한 일을 하고 있다고. 그래서인지 이제 남편의 장보기는 당당한 그의 중요 일과가 되어 있다.

비행기 이착륙을 안 보셨나요?

내가 글 쓰다가 곧 주방으로 들어가면 실수를 잘한다.

그릇이나 칼을 떨어뜨리고, 그것들을 가스 불 옆에 놓고 태우고. 멍하니 앉아 있다가 음식을 태우고.

한번은 남편이 말한다. 플라스틱 그릇이 가스 불에 타는 냄새를 맡고, "저게 눈에 안 보이느냐고? 왜 플라스틱 그릇을 불 옆에 놓아두지…?" "…안 보여요."

우리 집 칼 손잡이, 행주, 도마 등은 한 번씩은 불에 타서 오그라들고 새까맣다. 내가 왜 그렇게 실수하는지, 나도 잘 모른다. 남편이 말하면, 내가 왜 그러지… 하고만 있다.

그렇게 지금까지 남편 주의를 받고 살아왔다. 그러나 같은 삶을 많이 지적당하고 야단맞다 보면 그 삶이 객관화되고 문제점이 보이면서 방어력도 생긴다.

그날 아침도 남편 주의를 듣고 내가 '분연히' 나 자신을 설명한다. 전에 없던 일이다.

"내가 주방에 오기 전까지 글 쓰거나 책 보거나 생각하거나, 비현실 세계에 있다가 갑자기 현실(주방)로 내려온다고요. 그러니, 뭐가 제대로 보이겠어요… 비행기 보세요. 비행기가 이륙하고 착륙할 때 얼마나 힘들어하는지. 달달달 에너지를 비축했다가 전속력 다해서 달리가다가 이륙하지 않아요. 착륙할 때도 금방 쉽게 하던가요? 고도를 조금씩 내려서 한참 가다가 또 내리고 몇 번이나 반복하면서 착륙을 준비하지요. 직선으로 팍 내리고 팍 올라가는 비행기가 어디 있어요. 내가 비현실계에서 현실로 오는 것도 마찬가지라고요. 그래서 깨고 부딪히고 태우고 찌그러 들고 한다고요. 내 실수들은 비현실 세계에 있다가 현실계로 진입하는 준비 작업이나 같다고요. 비행기가 온 힘을 다해서 이착륙하듯이…."

남편은 아무런 말을 않고 다 듣고 있다. 내 얘기를 듣고 보니, 그럴듯도 하다는 표정이다.

그러나 나와 다른 생명을 어떻게 이해한단 말인가.

'화성에서 온 남편 금성에서 온 아내' 멀고 멀 뿐이다.

인간은 누구나 다른 사람, 다른 상황을 받아들이는 데 저항을 받는다. 이 저항을 어떻게 슬기롭게 이겨 내느냐가 문제다. 우리 몸엔 적당한 스트레스가 필요하듯이 적당한 저항은 사는 맛을 더해 주기도 한다.

기절 낙지가 만드는 기적

서울 외곽, 경기도 의왕시에서 사는 친지가 와서 나를 만나고 가는 밤이다. 헤어지는데, 친지가 주꾸미 산다고 해서, 골목시장으로 간다. 새로 생긴 할아버지 생선 가게에 주꾸미는 없고 '기절 낙지'가 있다. 할아버지는 친절하지도 않고 냉랭하나 정직한 인상이다. 내가 정직하게 생선을 파니까 '사려면 사고 말라면 말라'는 표정이다.

생물 기절 낙지 세 마리에 만 원, 아마 오늘 밤 지내면 생물이라 맛이 가니, 싸게 파는가. 낙지 크기는 중간. 만 원에 낙지 세 마리, 내가 사 드린다. 순간 스치는 생각.

'낙지는 무조건 비싸다는 선입견으로 나는 한 번도 산 적이 없는데, 막상 낙지값 알고 보니 그렇게 비싸지도 않구나….'

다음 날, 친지가 전화한다. "오자마자 낙지 데쳐서 내놓았더니, 남편이 아주 맛있게 먹어요. 남편이 해물 좋아해요… 남편이 뭐라고 한 줄 아세요. 내년 여름에 열심히 채소 농사 지어서 작가님 와서 맘대로 골라 가시게 한대요.

작가님이 낙지 사 줬다고 했거든요."

여기까지 쓰고 났는데, 참았던 눈물이 뜨겁게 솟구친다. 무슨 눈물일까… 내 가족 위해서는 산 적 없는 낙지라 눈물이 솟구쳤을까? …그동안 '가난을 만들면서' 사는 내 가난한 삶이 만들어 내는 '인간적인 설움' 같은 것이었나? …이 눈물이 있으므로, 내 세상은 아름다워진다. 낙지를 얼마든지 살 수 있어서 라면 끓이면서도 넣는다면 내 세상은 재미가 덜할 것이다. 낙지, 맘먹으면 못 사겠는가. 나름대로 가난을 만들다 보니, 못 사지. 살 수 있는데도 안 사는 삶이 내겐 의미 있어지는 것.

낙지 몇 마리에도 솟구치는 눈물. 이것이 내 영혼의 양식이다. 내 삶에서 기적을 만들어 내는 불쏘시개다. 어떤 이들에겐 아주 구차스럽게 들리는 하찮은 얘기겠지만 내겐 참으로 중차대한 사실이다.

살아났는가

친척 한 분이 집에 오시는 날. 아침 설거지 끝내고 나니 힘이 없다. 몸이 나른하고 무겁다. 그 몸으로 손님 대접해서 보내 드리고, 오후에는 피치 못할 저녁 약속이 있어서 외출했다. 저녁 늦게 집으로 돌아왔다. 그대로 쓰러지듯이 누웠다. 잠결에 들으니, 남편이 와서 뭐라고 말하다가 나간다. 죽은 듯이 보낸 그 밤이 지나고 날이 밝아지자 나는 살아서 일어난다. 주방으로 나가 아침 준비하는데, 남편이 나와서 하는 말, "살아났는가." "예에 살아났네요."

어젯밤 내가 얼마나 죽은 듯이 쓰러졌으면 저런 말을 할까. '살아났는가….' 아아 살아나지 못하기도 하겠구나. 살아 있을 때, 남편에게 잘해야겠구나. 무엇을 잘해야 할 것인가? 남편 몸에 좋은 건강식으로, 남편 맘 편하도록 순종하는 것. 그것도 좋다. 그러나 더 중요한 게 있다.

남편 영혼이 구원받았는가, 영원한 생명 길로 갈 준비가 돼 있나? 점검하고 확인하는 일이다. 사랑하는 자의 몸, 마음보다 더 중요한 건 그의 영혼이니까.

내복을 깁고 있는 남편

외출했다 돌아온 남편이 안방에서 한참 안 나온다.

연만한 남편이 오랫동안 조용하면 뭔가 불안하다. 큰소리로 묻는다. "여보 뭐 해요?" "나 내복 기운다고." "그만 기워요, 인제 좀 버려요." "더 입을 수 있는데 왜 버려?"

나는 못마땅해하면서 안방을 들여다본다. 머리가 하얀 남편이 방바닥에 앉아서 내복을 깁고 있다. 못마땅해하던 마음에 이런 생각이 든다. 저 모습이 우리 집을 지켜 주는 숭고한 모습이구나. 떨어진 내복을 또 깁고 있는 남편(86세)의 저런 자세, 마음가짐이 이 집안을 든든하게 지켜 주는 울타리구나. 사람들이 보면 궁상맞다고 하겠지. 하나님은 어떻게 보실까? 아름답다고 하시지 않을까….

어머니는 평생 책만 보는 무능한 남편 옆에서 '몸빼'만 입고 그 많은 밭농사 지으면서 빚내서라도 자녀들 가르치고 집안을 지켰다. 내 남편은 헌 내복도 여러 번 기워 입으면서, 돈도, 계산도, 살림도 모르고 사는 아내 대신 집안 살림하고 있구나….

가장 자애로운 일상

"매년 성탄절 오후 3시. 영국인들은 '세상에서 가장 자애로운' 연설을 듣는다. 1952년 즉위한 엘리자베스 2세 여왕이 매년 행하는 크리스마스 연설이다. '여왕 폐하의 가장 자애로운 연설'이란 명칭은 '지극히' 영국적이다. … '평범한 일상의 반복이 주는 안도감'에서 가장 큰 행복을 느낀다는 영국인의 독특한 성격과 성탄의 기쁨, 한 해를 마감하는 분위기가 한데 어우러져 듣는 이들도 덩달아 자애로워진다."

'평범한 일상의 반복이 주는 안도감에서 가장 큰 행복을 느낀다는 영국인….'

한 20년 전 미국 동부 지역에 한 달간 강사로 갔을 때, 필라델피아에 있는 내 2층 숙소. 나는 그 댁에 묵으면서 그 지역 여러 교회에 강사로 다녔다.

하루는, 숙소 부부(남편, 치과 의사)는 직장에 가고 나 혼자 큰 저택에서 쉬고 있었다. …갑자기 공포감이 몰려왔다. 숨이 막힐 것 같았다. 창문을 열어야 하는데, 아무리 애를 써도 창문이 안 열어진다. 한국에 있는 남편에게, 동생에게 울면서 전화한다. 남편은 창문을 열고 어서 숨을 쉬라고 하는데, 문이 열리지 않는다. 2층에서 1층으로 기어가듯이 내려가, 어떻게 현관문을 찾아서 간신히 열고 숨을 쉰다.

문 밖으로 나가지도 못했다. 나갔다가 잘못해서 문이 닫히면 안으로 들어올 수가 없을 것 같아서.

빠끔하게 연 문 사이로 숨을 내쉬면서 풍경처럼 보이는 옆집 마당을 바라보았다. 중년은 되어 보이는 수수한 차림의 주부가 마당을 쓸고, 그것을 담아서 들고 가 도로변에 있는 쓰레기 수거통에 버린다. 그 모습이 얼마나 평화롭게 보이는지… 나는 아무것도 아닌 것 같던 내 나라, 내 집안의 일상이 몹시도 그리워서 울었다.

요즘 코로나로 집에 있으면서 가끔 그때 일을 생각하면서 지금의 일상을 감사한다. '나는 지금 그때 그토록 그리웠던 일상을 살고 있는 거야.'

나의 오늘하루는 '가장 자애로운 일상이다' 하면서.

오래 살면 아름다워진다

며칠 전, 가리개가 필요해서 신당동 가리개 가게에 가서 보니, 예상보다 비싸다. 맘에 든 디자인이나 색상이 없어 가게에서 나온다. 동행한 청계천 사모님은 내가 돈 부족해서 못 사는가 하고 자기가 좀 보태면 안 되느냐고 한다.

"아니요. 돈이 없어서가 아니라 맘에 안 들어서요."

오늘 남편이 외출하자, 나는 가리개를 만들기 시작.

집에 있는 일자(一字) 옷걸이에다 집에 있는 흰 레이스 천 조각들을 늘어뜨리고, 옷핀 꽂고 뽑기를 반복해서 가봉한 뒤, 손바느질해서 완성. 가게에서 파는 딱딱한 가리개보다 훨씬 고상하고 아늑한 분위기다. …오후 내내 거실 창으로 들어오는 밝은 빛 피해, 가리개 그늘에 앉아서 논다.

남편이 들어온다. 내가 가리개 밑에서 놀고 있는데, 답답해 보이는지 가리개를 한쪽으로 밀어 버린다. "답답하지요? …" 나는 가리개를 더 밀어 버리고 일어나, 남편 저녁을 차린다. 54년 함께 살다 보니, 내가 좋아하는 가리개, 남편이 '저리 밀어 버려도' 괜찮다. 오래 살면 아름다워진다.

기일혜 수필집 42

오래 살면 아름다워진다

초판 1쇄 발행 | 2020년 8월 5일
2쇄 발행 | 2021년 1월 20일

지은이 | 기일혜
발행인 | 임만호
발행처 | 도서출판 **크리스챤서적**
주　소 | 서울 강남구 선릉로112길 36 창조빌딩 3F(우:06097)
등　록 | 제10-22호(1979. 9. 13)
전　화 | 02) 544-3468~9
F A X | 02) 511-3920
e-mail | holybooks@naver.com

책임편집 | 장민혜
디자인 | 이선애
제　작 | 임성암
관　리 | 양영주

Printed in Korea
ISBN 978-89-478-0362-5 03230

정가 4,000원